A CONTRIBUIÇÃO DA NEUROCIÊNCIA NA AVALIAÇÃO PSICOPEDAGÓGICA

MUITO ALÉM DO LAUDO

ZILANDA PEREIRA DE SOUZA | RODRIGO ALBUQUERQUE

A CONTRIBUIÇÃO DA NEUROCIÊNCIA NA AVALIAÇÃO PSICOPEDAGÓGICA

MUITO ALÉM DO LAUDO

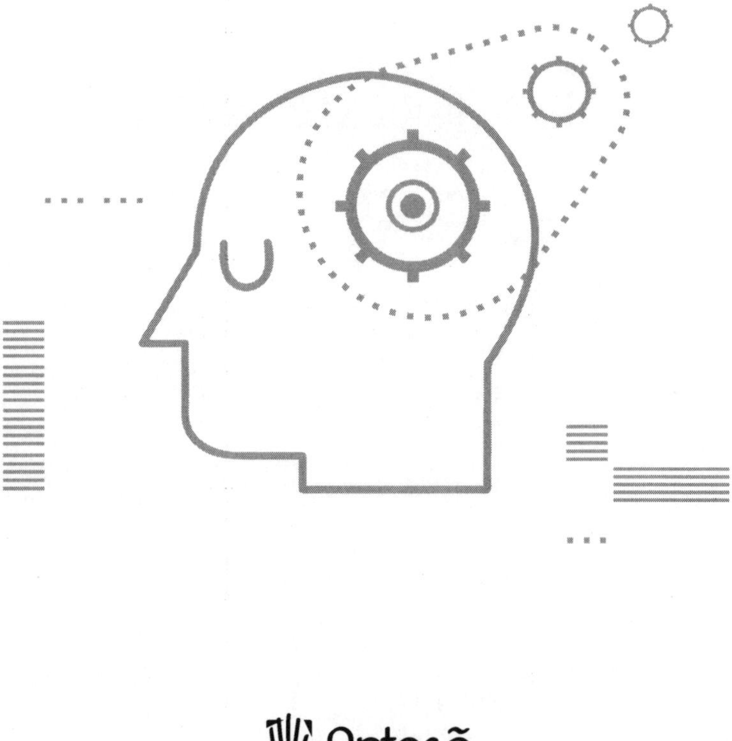

Artesã

A contirbuição da neurociência na avaliação psicopedagógica – Muito além do laudo

1ª edição - 1ª reimpressão 2019

COORDENAÇÃO EDITORIAL
Karol Oliveira

DIREÇÃO DE ARTE
Tiago Rabello

REVISÃO
Rodrigo Albuquerque

CAPA
Karol Oliveira

C764

A contribuição da neurociência na avaliação psicopedagógica : muito além do laudo / organizadores: Zilanda Pereira de Souza , Rodrigo Albuquerque . – Belo Horizonte : Ed. Artesã, 2019.

172 p. ; 23 cm.

ISBN: 978-85-7074-014-4

1. Educação. 2. Neurociências. 3. Neurociência cognitiva. 4. Cognição. I. Souza, Zilanda Pereira de. II. Albuquerque, Rodrigo.

CDU 37:616.8

Catalogação: Aline M. Sima CRB-6/2645

IMPRESSO NO BRASIL
Printed in Brazil

ARTESÃ EDITORA LTDA.
Site: www.artesaeditora.com.br
E-mail: contato@artesaeditora.com.br
Belo Horizonte/MG

Sumário

Apresentação

A obra *A contirbuição da neurociência na avaliação psicopedagógica – Muito além do laudo* constitui um trabalho de pesquisa coletiva, durante um percurso de 2 anos, que envolveu estudos teóricos e práticos, culminando com o laboratório de avaliação para o delineamento experimental de caso único. São 12 estudos envolvendo funções executivas, alfabetização, linguagem oral, desenvolvimento motor e autismo.

Os autores são profissionais da educação, atuantes nas redes pública e privada, em ensino da educação básica e superior. Em comum, o grupo apresenta a formação de especialistas em Neurociência Aplicada a Avaliação e Intervenção Psicopedagógica, e todos são militantes por uma educação igualitária, inclusiva e de qualidade, que considera o aluno primeiramente em seu desenvolvimento neurocognitivo e busca práticas curriculares e didáticas que atendam a esse desenvolvimento.

Para a aplicação do laboratório de avaliação, foram selecionados instrumentos padronizados, normatizados, que pudessem contribuir com dados fidedignos para análise, levantamento de hipótese e orientações pedagógicas que favorecessem o processo de ensino e de aprendizagem escolar. A seguir apresentamos o protocolo utilizado:

- **Teste de atenção por cancelamento:** avalia a atenção seletiva e a atenção sustentada (MONTIEL; SEABRA, 2012a).

- **Teste de trilhas – Partes A e B:** avalia a atenção alternada e a flexibilidade cognitiva (Montiel; Seabra, 2012b).
- **Teste da torre de Londres – ToL** – (Seabra *et al.*, 2012a): avalia a habilidade cognitiva de planejamento.
- **Teste infantil de nomeação:** avalia a linguagem expressiva e o acesso ao sistema de memória de longo prazo (Seabra *et al.*, 2012c).
- **Teste de repetição de palavras e pseudopalavras:** avalia a memória fonológica de curto prazo (Seabra, 2012).
- **Prova de consciência fonológica por produção oral:** avalia a habilidade de manipulação dos sons da fala, expressando oralmente o resultado dessa manipulação, sendo composta por 10 subtestes: Síntese Silábica, Síntese Fonêmica, Julgamento de Rima, Julgamento de Aliteração, Segmentação Silábica, Segmentação Fonêmica, Manipulação Silábica, Manipulação Fonêmica, Transposição Silábica e Transposição Fonêmica (Seabra; Capovilla, 2012a).
- **Prova de consciência fonológica por escolha de figuras:** avalia a habilidade de manipulação dos sons da fala por meio de respostas visuais, composta por 9 subtestes: Rima, Aliteração, Adição Silábica, Subtração Silábica, Adição Fonêmica, Subtração Fonêmica, Transposição Silábica, Transposição Fonêmica e Trocadilhos (Capovilla; Seabra, 2012b).
- **Prova de aritmética:** avalia a competência aritmética (processamento numérico e cálculo) (Seabra *et al.*, 2013b).
- **Teste contrastivo de compreensão auditiva e de leitura:** avalia as habilidades de compreensão auditiva (subteste de Compreensão de Sentenças Faladas) e de compreensão de leitura silenciosa (subteste de Compreensão de Sentenças Escritas) (Capovilla; Seabra, 2013).
- **Prova de escrita sob ditado:** avalia aspectos ortográficos da escrita (Seabra; Capovilla, 2013).

Também foram utilizados, em estudos específicos, os instrumentos:

- **Avaliação motora:** mensura motricidade fina, motricidade global, equilíbrio, esquema corporal, organização espacial, linguagem e organização temporal (Rosa Neto, 2015).

- **SDQ - *Strengths and Difficulties Questionnaire* (Questionário de Capacidades e Dificuldades)**: rastreia problemas de saúde mental, por meio de um questionário curto e simples, na avaliação do comportamento de crianças e adolescentes dos 4 aos 16 anos (Fleitlich et al., 2000).

A obra tem o objetivo principal de fortalecer a ciência na educação, através da avaliação do desenvolvimento infanto-juvenil, a partir de instrumentos padronizados e normatizados. A partir desse padrão, a proposta consiste em poder colaborar com análises e propostas de intervenção mais eficazes, baseadas nos achados encontrados nas avaliações.

As tabelas e os gráficos apontam os resultados das habilidades avaliadas e a seção "Aplicações Possíveis após a Avaliação" vai nortear encaminhamentos e intervenções a partir dos dados encontrados.

No artigo "O impacto da avaliação das funções executivas na competência aritmética: um estudo de caso", Rodrigo Albuquerque assume que vivenciar a neurociência aplicada à educação e à intervenção pedagógica é, antes de tudo, sair de uma obscuridade que rege diversas atuações profissionais no campo da educação. Realizar uma avaliação, baseada em testes e provas psicometricamente validados, constitui, para o autor, ação bastante relevante na condução de uma intervenção de sucesso. O estudo proposto por Rodrigo, nesse sentido, apresenta dois objetivos centrais, a saber: (1) avaliar uma criança que já se encontra em atendimento psicopedagógico em uma clínica, por meio de um protocolo de avaliação voltado para atenção e funções executivas, linguagem oral, leitura e escrita, e aritmética; assim como (2) traçar metas de intervenção a curto, médio e longo prazo, como encaminhamento decorrente da avaliação realizada. A pesquisa, cuja metodologia utilizada é o estudo de caso, foi realizada em uma clínica de psicopedagogia, com autorização da proprietária desta e dos responsáveis pelo colaborador. A anamnese foi realizada em um encontro com a mãe da criança, e os testes e as provas foram aplicados em 6 encontros. Ambas as ações ocorreram no período entre 3 e 17 de novembro de 2017.

Em "Contribuições da neurociência para inclusão escolar de adolescente com alterações nas funções executivas e na linguagem oral", Guilherme Henrique de Oliveira Barbosa realizou seu estudo em ambiente escolar, com o objetivo de avaliar uma adolescente de 13 anos com laudo de Transtorno do Déficit de Atenção e Hiperatividade – TDAH, a fim de mapear as deficiências oriundas do transtorno relatadas pela progenitora, e propor as intervenções e os encaminhamentos para melhorar o desempenho cognitivo e social.

Daniela Laender Caldeira, por sua vez, na autoria do artigo "**Drogadição, TDAH e dificuldades de aprendizagem na adolescência**", se dedica a realizar a avaliação de habilidades cognitivas de um adolescente, tomando como base os estudos da neurociência. A pesquisa da autora foi realizada com PA, 16 anos, estudante do segundo segmento da Educação de Jovens e Adultos. Destaca Daniela que o adolescente tem um histórico de desestrutura familiar e de uso de drogas ilícitas. Além disso, está em tratamento psiquiátrico, com suspeita de Transtorno Bipolar. A autora procedeu com testes e provas para a avaliação de funções executivas e de atenção, de leitura e de escrita, de aritmética, e de linguagem oral, e com a anamnese com a mãe de PA. Seu trabalho toma como base o seguinte referencial teórico: Seabra e Dias (2012a), Seabra e Dias (2012b), e Seabra *et al.* (2013a). A autora constata, por fim, que a dificuldade do adolescente também pode estar relacionada com um provável quadro de Transtorno do Déficit de Atenção e Hiperatividade (TDAH).

Ao discutir o processo de aquisição de leitura e escrita, Maria do Carmo Soares da Costa objetiva, no artigo intitulado "**A contribuição dos instrumentos padronizados e normatizados na investigação de dificuldades no processo de aquisição de leitura e de escrita**", investigar, identificar, qualificar e obter resultados provenientes da avaliação realizada por meio de instrumentos de avaliação neuropsicológica cognitiva e investigação motora (padronizados e validados). A motivação para a escolha de Maria do Carmo se deu em decorrência de esses instrumentos possibilitarem interpretar e compreender os desempenhos cognitivos e motores da criança do estudo de caso realizado, em relação ao esperado para o seu nível de desenvolvimento, bem como as habilidades preservadas e os atrasos encontrados. A autora ressalta, ainda, que tais dados oportunizaram a elaboração de encaminhamentos e de orientações baseados em evidência científica, para a inclusão escolar da criança estudada.

A partir de uma queixa em relação à criança Y., oriunda da família e da escola, quanto à dificuldade de aprendizagem em leitura e em escrita, Glecy Morais de Oliveira procede, em seu artigo intitulado "**A contribuição da neurociência na avaliação da dificuldade de leitura e de**

escrita", com a utilização de instrumentos neuropsicológicos normatizados e padronizados, a fim de avaliar que habilidades estão preservadas e deficitárias no indivíduo sob estudo. A autora enfatiza, em sua investigação, que tais resultados, em comparação ao padrão esperado para a idade de Y., possibilitam a realização de intervenções e encaminhamentos.

A proposta de trabalho de Edna Maria de Paula Moraes, cujo título é "**A contribuição da neurociência na avaliação das dificuldades na leitura e na escrita do caso VHSC**", almejou estudar o caso de uma criança de sete anos, VHSC, regularmente matriculada no 1º ano do Ensino Fundamental de uma escola particular do Distrito Federal, a qual apresenta problemas relativos à leitura e à escrita. Edna relata que a criança identifica sons, letras e sílabas simples, mas não consegue reter tais informações, necessitando constantemente da mediação da professora para finalizar as atividades. Para a autora, a avaliação psicopedagógica com o apoio da Neurociência, utilizando instrumentos quantitativos e validados, constitui ferramenta essencial para contribuir com uma melhor aprendizagem, de modo a sanar as dificuldades do estudante pontualmente. Durante a pesquisa, a autora verificou, no caso estudado, a necessidade de encaminhamento para a avaliação de neuropediatra e de fonoaudiólogo, bem como de acompanhamento psicopedagógico, haja vista que o caso sob análise apresentava hipótese de dislexia, comprometendo, portanto, o funcionamento de áreas da linguagem, assim como da leitura e da escrita.

Ao realizar uma avaliação psicopedagógica apoiada à neurociência, Alessandra G. de Miranda Gabarão, no artigo intitulado "**O impacto do desenvolvimento da linguagem oral nas habilidades de alfabetização**", estuda o caso de CECV, um estudante de uma escola pública do Distrito Federal. A criança em estudo apresenta alterações nas habilidades de linguagem oral, que, por sua vez, provocam considerável impacto no processo de alfabetização. Durante a investigação, a autora percebeu, igualmente, a ausência de metodologia de alfabetização que considere as habilidades metafonêmicas como integrantes dos processos de aquisição da linguagem oral e de aquisição da escrita. A autora conclui que as evidências, por meio dos instrumentos psicopedagógicos, sinalizam não só a dificuldade da criança em relação às habilidades não adquiridas, mas também denunciam as lacunas do sistema educacional em que a discente está inserida, de modo a revelar a necessidade de intervenções multidisciplinares que facilitem o seu processo de inclusão no meio escolar.

Partindo da premissa que, em geral, as ações do profissional de pedagogia concernentes à queixa escolar na Educação Infantil ainda se encontram bastante reduzidas a avaliações subjetivas, frequentemente pautadas na mera observação, Elizete Ferreira Medeiros considera, no artigo "**A avaliação psicopedagógica apoiada à neurociência na investigação da queixa escolar na educação infantil**", que esse cenário colabora para dois entraves: a ausência de uma diagnose no que tange às habilidades ainda não alcançadas pelo estudante e a impossibilidade de se traçarem estratégias de intervenção para a aquisição de tais habilidades. Nesse sentido, frisa a autora que o uso de instrumentos padronizados (testes e provas) visa a nortear ambos os processos: tanto a avaliação quanto a orientação do processo de intervenção. Tal mudança de paradigma, segundo Elizete, é capaz de direcionar o trabalho do profissional na detecção dos aspectos que podem interferir no desenvolvimento da aprendizagem da criança, em função de primar por um olhar científico e respaldado, saindo do empirismo, ainda tão comum no cenário escolar.

Claudia Ribeiro Santos destaca, em seu artigo intitulado "**A importância da avaliação quantitativa e qualitativa na análise das dificuldades de aprendizagem**", que a psicopedagogia constitui a ciência que estuda como ocorre o processo de aprendizagem nos indivíduos, ao investigar suas patologias e as influências recebidas da família, da escola e da sociedade nesse processo. Nas palavras da autora, essa área avalia e busca determinar através da investigação e da análise de dados que fatores podem comprometer ou interferir no desenvolvimento cognitivo do indivíduo, além de propiciar estratégias e ferramentas para facilitar o aprendizado. Nesse contexto, o objetivo da autora consistiu em destacar a importância da avaliação qualitativa e quantitativa no processo de investigação das hipóteses de dificuldades de aprendizagem, a fim se obterem dados precisos que apontem para o real impedimento da aquisição desse conhecimento. Portanto, Claudia aplicou instrumentos psicométricos para a avaliação de habilidades preditoras e posteriores da/à alfabetização, assim como realizou os seguintes procedimentos: anamnese com a mãe, avaliação do contexto familiar, entrevista na escola, atividades com jogos e, ao final de toda a coleta de dados, análise de resultados. Com base em toda a investigação realizada, a autora conclui que o fator ambiental foi determinante para o atraso da alfabetização.

Em "**Avaliação psicopedagógica baseada na neurociência: um estudo de caso de dificuldades de aprendizagem**", Vera Lúcia Dantas de Andrade visa a demonstrar a contribuição da avaliação psicopedagógica embasada na neurociência como auxiliar no processo de diagnose. Sua colaboradora, nomeada de T., *é* uma menina de 11 anos, que, a partir das queixas de dificuldades de aprendizagem e de desatenção, narradas pela escola, foi encaminhada para o serviço de saúde pública, onde foi diagnosticada com transtorno *não especificado do desenvolvimento das habilidades escolares (CID 10:* F81.9), e reações ao "stress" grave e transtornos de adaptação (CID 10: F43). Em decorrência desses antecedentes, a autora partiu para a avaliação de T., considerando o histórico de vida da criança; o processo de aprendizagem, incluindo habilidades de linguagem, de escrita, de atenção e de memória; e o desempenho acadêmico em leitura, em escrita e em habilidades aritméticas. Após toda a investigação, Vera constata que a causa das dificuldades escolares da discente era o transtorno do processamento auditivo central nas habilidades de decodificação e de integração. Portanto, ressalta a autora, a avaliação neuropsicológica, no caso sob estudo, funcionou como instrumento fundamental no processo de diagnóstico, uma vez que especificou o transtorno da estudante e pode, por conseguinte, colaborar com a condução de ações pedagógicas mais eficientes.

Clécia Maria Barreto dos Santos Alves, ao escrever "**A inclusão do adolescente autista baseada na avaliação cognitiva**", destaca que muito tem sido escrito sobre o espectro autista, porém a definição, em termos neurológicos, ainda não está completamente estabelecida, devido ao fato de estar associada exclusivamente a questões comportamentais e a fatores genéticos ou ambientais. Do ponto de vista clínico, acrescenta a autora, é possível perceber, logo nos primeiros anos de vida, que o portador do espectro apresenta algumas particularidades, tais como a falta de habilidades no convívio social, os movimentos estereotipados e a manifestação de linguagem reduzida. Para Clécia, a avaliação desse sujeito necessita ser realizada a partir de instrumentos normatizados e padronizados, com o objetivo de validar, com fidedignidade, a necessidade da inclusão escolar, o que prevê adaptações curriculares para o estudante autista com dificuldades cognitivas.

Por fim, considerando que a linguagem oral reúne um conjunto de habilidades essenciais para o processo de aprendizagem no período da alfabetização, Eliana Gomes Barreto, no artigo "**Contribuições da neurociência para inclusão escolar de criança autista**", busca contribuições da neurociência para avaliar as queixas de atraso de linguagem, em especial de defasagem de consciência fonológica, em uma criança com transtorno do espectro autista. Os resultados decorrentes da análise dos dados da autora, oriundos da aplicação de instrumentos quantitativos e de interpretação qualitativa, indicam a necessidade de se favorecer a inclusão escolar do estudante, para que este amplie, progressivamente, suas competências de linguagem oral, de escrita e de leitura.

Os organizadores

Zilanda Pereira de Souza
(Espaço Vida – Desenvolvendo Pessoas)

Rodrigo Albuquerque
(Universidade de Brasília)

PARTE I

FUNÇÕES EXECUTIVAS E DIFICULDADES DE APRENDIZAGEM

1

O impacto da avaliação das funções executivas na competência aritmética: um estudo de caso

Rodrigo Albuquerque

Vivenciar a neurociência aplicada à educação e à intervenção pedagógica é, antes de tudo, sair de uma obscuridade que rege diversas atuações profissionais no campo da educação. Nesse sentido, fundamentados, especialmente, por três referências em avaliação neuropsicológica (Seabra; Dias, 2012a; Seabra; Dias, 2012b; e Seabra *et al.*, 2013a), em alinhamento com reflexões teóricas concernentes à literatura em neurociências, propusemo-nos a realizar este estudo de caso.

É somente por meio de uma avaliação realizada com instrumentos psicometricamente validados que conseguiremos chegar à propositura de uma intervenção pedagógica. Parece senso comum tal afirmação, se não fosse a ausência de estudos, sobretudo, brasileiros com esse fim. Nesse viés, torna-se fulcral o ato de avaliar, que engloba as ações de anamnese e de aplicação de provas e testes, uma vez que tal prática reúne dados empíricos, de ordem quali-quantitativa, a serem analisados sob a condução das reflexões teóricas do campo das neurociências, com vistas a guiar práticas interventivas e a conduzir objetivos neuropedagógicos em curto, médio e longo prazo.

Em consonância com essa necessidade, consideramos igualmente relevante a utilização de instrumentos padronizados e validados psicometricamente, uma vez que estes proporcionam um olhar objetivo e específico para cada idade (que demanda, por conseguinte, abordagens distintas), bem como um diagnóstico seguro devido às evidências de validade e às normatizações para cada teste/prova utilizado/a. Destacamos, todavia, que o uso desses instrumentos, em momento algum, descartaria considerações qualitativas, em razão da necessidade de procurarmos correlações entre os instrumentos e as informações oriundas da queixa principal, da história da criança, e do comportamento desta na execução dos testes e das provas.

Este estudo possui dois objetivos centrais, a saber: (1) avaliar uma criança que já se encontra em atendimento psicopedagógico em uma clínica, por meio de um protocolo de avaliação voltado para atenção e funções executivas, linguagem oral, leitura e escrita, e aritmética; assim como (2) traçar metas de intervenção a curto, médio e longo prazo, como encaminhamento decorrente da avaliação realizada.

Este artigo, a partir da demanda gerada por tais objetivos, prosseguirá com uma breve descrição metodológica do estudo, contemplando método utilizado, perfil do colaborador, instrumentos de avaliação e informações relevantes da anamnese; a análise do caso em estudo, sob a condução teórica de autores com tradição em pesquisa neuropsicológica; e as considerações finais, focalizando, sobretudo, a síntese dos resultados analisados e o encaminhamento de ações futuras para o caso em questão.

1. O caso G.B.L.A

Nossa pesquisa, cuja metodologia utilizada é o estudo de caso, foi realizada em uma clínica de psicopedagogia, com autorização da proprietária desta e da responsável pelo colaborador. A anamnese foi realizada em um encontro com a mãe da criança, e os testes e as provas foram aplicados em 6 encontros. Ambas as ações ocorreram no período entre 3 e 17 de novembro de 2017.

Destaco que o estudo de caso, segundo Venturi (2007, p. 383), é uma das modalidades de pesquisa qualitativa que possibilita investigar dado fenômeno, por meio da exploração intensa de um único caso. A autora (2007, p. 386) lista algumas vantagens em realizarmos estudos de caso, a saber: o estímulo de novas descobertas, a ênfase na multiplicidade de dimensões de dado problema, e a análise em profundidade dos processos e das relações entre eles.

A criança participante do estudo, daqui para frente G.B.L.A., possui 8 anos, mora com os pais e a irmã de 12 anos, e cursa o 2° ano em uma escola particular do Distrito Federal. Convém ressaltar que tanto sua irmã quanto seu pai têm diagnóstico de TDA, sendo esta a razão para que a mãe resista a uma investigação neurológica, por temer o possível diagnóstico e as prescrições medicamentosas decorrentes deste (SIC). Foi durante a anamnese que a mãe, único membro familiar que pode colaborar neste momento, revelou que a escola recorrentemente se queixava da dispersão do menino e das frequentes atitudes de se levantar do assento e de questionar a professora. A mãe complementou, ainda, que G.B.L.A. não conseguia acompanhar o andamento das atividades escolares devido a uma virose.

Na história de vida do garoto, há crises frequentes de asma. Sobre os aspectos socioemocionais, destacou a mãe que G.B.L.A. costuma fazer as refeições com os pais, e chama a atenção a velocidade com que mastiga os alimentos. No que tange aos hábitos motores, a criança, segundo a mãe, começou a manusear objetos (coordenação motora fina) e a realizar ações maiores (coordenação motora global) somente aos três anos de idade, porém, hoje em dia, é bastante ativo, mesmo que deixe objetos caírem de sua mão com frequência. A ansiedade e a agitação parecem constantes na vida de G.B.L.A. A mãe sinalizou que o garoto é ansioso para falar, embora apresente uma fala compreensível, e tem sono bastante agitado, com constantes despertares noturnos e relatos de medo de dormir sozinho.

Concernente às perdas, a mãe de G.B.L.A. socializou que seu filho vivenciou a morte de seu avô materno e as crises de ansiedade do tio materno, assim como sofreu muito ao mudar de residência. A mãe confessou que não conseguiu estabelecer junto à criança uma rotina de horários e destacou a falta de limites do filho, que só interrompe as ações repreendidas pelos pais quando o castigo ameaça algo de que ele gosta muito ou quando "leva uma surra". Por fim, a própria mãe desabafou que superprotege o filho, enquanto o pai o censura.

É válido reforçar, até diante da atitude de superproteção materna, que a resistência a uma avaliação neurológica acarretou uma ausência de diagnóstico e, por conseguinte, a inexistência de quaisquer exames, relatórios e, consequentemente, de qualquer condução terapêutica (medicamentosa ou não).

Diante de toda a narrativa da mãe, resolvemos mensurar as seguintes habilidades, por meio de seus respectivos testes e provas: vocabulário expressivo e memória de longo prazo (teste infantil de nomeação, cf. Trevisan *et al.*, 2012b); memória fonológica de curto prazo para palavras e pseudopalavras (teste de repetição de palavras e pseudopalavras, cf. Trevisan *et al.*, 2012a); síntese silábica, síntese fonêmica, rima, aliteração, segmentação silábica, segmentação fonêmica, manipulação silábica, manipulação fonêmica, transposição silábica e transposição fonêmica (prova de consciência fonológica, cf. Dias *et al.*, 2012c); escrita de palavras e de pseudopalavras (prova de escrita sob ditado, cf. Dias *et al.*, 2013c); leitura (teste contrastivo de leitura, cf. Dias *et al.*, 2013b); compreensão auditiva (teste contrastivo de compreensão auditiva, cf. Dias *et al.*, 2013b); competência aritmética – cálculo e processamento numérico (prova de aritmética, cf. Dias *et al.*, 2013a); e, por fim, atenção – seletiva, sustentada e alternada (teste de atenção por cancelamento, cf. Dias *et al.*, 2012b); e flexibilidade cognitiva (teste de trilhas, cf. Dias *et al.*, 2012d).

2. A avaliação dos campos do conhecimento

Assim como ressaltamos na seção anterior, optamos, em razão do relato da mãe na anamnese, por realizar testes e provas que se dedicam a quatro campos: linguagem oral, leitura e escrita, aritmética, e atenção e funções executivas. Na sequência desta seção, procederemos com a exposição dos resultados encontrados em cada teste e prova em uma tabela; e com a análise dos quatro campos mencionados. Todavia, ao final dessa análise, focalizaremos os achados mais relacionados ao caso, à luz da teoria e das correlações com a nossa suspeita principal: alterações nas funções executivas e na atenção. A análise, por sua vez, embasará os encaminhamentos que serão dados ao final do trabalho.

Tabela 1 – Apresentação dos resultados das habilidades avaliadas

Habilidade Avaliada	Resultado	Resultado esperado para idade	Classificação	Observações para aplicação fora da faixa etária
TESTE PARA 03 A 14 ANOS				
Vocabulário expressivo e memória de longo prazo	39	34 – 46	média	
Memória de curto prazo Fonológica - Geral	6	4 – 8	média	
Subteste para Palavras	4	2 – 5	média	
Subteste para Pseudopala-vras	2	1 – 3	média	
Consciência fonológica por produção oral - Geral	32	22 – 33	média	
Subteste de Síntese silábica por produção oral	4	4	média	
Subteste de Síntese fonêmica por produção oral	4	2 – 4	média	
Subteste de Rima por produção oral	4	2 – 4	média	
Subteste de Aliteração por produção oral	2	3 – 4	baixa	

Habilidade Avaliada	Resultado	Resultado esperado para idade	Classificação	Observações para aplicação fora da faixa etária
Subteste de Segmentação silábica por produção oral	4	4	média	
Subteste de Segmentação fonêmica por produção oral	4	1 – 4	média	
Subteste de Manipulação silábica por produção oral	3	2 – 4	média	
Subteste de Manipulação fonêmica por produção oral	3	1 – 4	média	
Subteste de Transposição silábica por produção oral	4	2 – 4	média	
Subteste de Transposição fonêmica por produção oral	0	1 – 2	muito baixa	
TESTE PARA 06 A 11 ANOS				
Leitura	36	22 – 39	média	
Compreensão Auditiva	40	34 – 39	alta	
TESTE PARA 06 A 11 ANOS				
Prova de Escrita Sob ditado	0,37	1,05 – 0,2	média	
Subteste de palavras	0,41	1 – 0,15	média	
Subteste de Pseudopalavras	0,25	1,15 – 0,3	alta	

Habilidade Avaliada	Resultado	Resultado esperado para idade	Classificação	Observações para aplicação fora da faixa etária
TESTE PARA 06 A 11 ANOS				
Competência Aritmética - Geral	20	19 – 40	média	
Subteste de Cálculo	7	8 – 22	baixa	
Subteste de Processamento numérico	13	9 – 13	média	
TESTE PARA 05 A 14 ANOS				
Flexibilidade cognitiva - Geral	-8	-21 – -13	muito alta	
Subteste - Parte A	14	22 – 24	muito baixa	
Subteste - Parte B	6	2 – 10	média	
TESTE PARA 05 A 14 ANOS				
Atenção - Geral	65	36 – 74	média	
Atenção seletiva	39	18 – 44	média	
Atenção sustentada	1	1 – 3	média	
Atenção alternada	25	13 – 32	média	

Fonte: Elaborada pelo autor.

Nossa análise se inicia, então, pelas habilidades relativas à linguagem oral, sob a justificativa de se tratar das primeiras aquisições da criança. Reitero, com base na tabela 1, que G.B.L.A. mostrou resultado médio para as habilidades de vocabulário expressivo e memória de longo prazo (mensurado pelo teste infantil de nomeação) e de memória fonológica de curto prazo (medida pelo teste de repetição de palavras e de pseudopalavras), estando o escore bruto acima dos valores esperados para a idade, ou seja, qualitativamente, o colaborador está acima da média limítrofe nos dois testes aplicados para aferir tais habilidades. Os resultados indicam que a criança em estudo possui estocagem de vocabulário (vocabulário expressivo), lançando mão deste tanto na memória de curto quanto na de longo prazo.

Acerca da avaliação da consciência fonológica por produção oral, iniciarei pela habilidade de aliteração, cuja avaliação incide, segundo Dias *et al.* (2012a, p. 101), "[n]a capacidade da criança em discriminar aliterações, ou seja, dentre três palavras faladas, ela deve dizer quais são as duas que começam com o mesmo som". O resultado baixo (77), conforme a tabela 1, apresenta-se no limiar entre o baixo e o médio, uma vez que o escore bruto médio seria 3, e G.B.L.A. alcançou 2 pontos. Apesar dessa proximidade com o resultado médio, concordamos com Capellini e Conrado (2008, p. 8) que nosso colaborador apresenta "falhas na percepção dos sons iniciais e finais das palavras, evidenciando dificuldades de agrupamento de palavras que apresentam similaridade fonológica, revelando contratempos no uso da memória fonológica de trabalho". Concluímos, parcialmente, que a criança, assim como já mencionamos, não possui comprometimento de memória relativa ao vocabulário, mas já demonstra, pela mensuração realizada, dificuldade na memória fonológica. Ademais, o nosso colaborador atingiu escore zero para a transposição fonêmica, por provavelmente tal habilidade demandar mais da memória de trabalho do que, por exemplo, uma transposição silábica.

Capellini e Conrado (2008, p. 8) evidenciaram que, para a população por eles investigada, o desempenho nas habilidades silábicas foi melhor do que nas habilidades fonêmicas, especialmente nos casos de segmentação e de transposição. Esse resultado se assemelha ao encontrado em nosso estudo de caso, posto que G.B.L.A. apresentou, conforme consta na tabela 1, desempenho médio na transposição silábica (111 pontos), muito próximo à pontuação padrão alta (de 115 a 129), ao passo que manteve um escore muito baixo em transposição fonêmica (não fez qualquer pontuação), haja vista que era esperado, para a idade dele, ao menos, um acerto. Isto é, nosso colaborador, nas palavras de Dias *et al.* (2012a, p. 101), foi capaz de criar palavras oralmente por meio da inversão de sílabas, mas não conseguiu realizar inversão de fonemas. Nas demais habilidades, a criança em estudo obteve mais êxito em atividades que envolviam habilidades fonêmicas (desempenho alto), com exceção da manipulação fonêmica (desempenho médio).

Tendo em vista que, nas oito habilidades restantes, presentes na tabela 1, G.B.L.A. demonstrou desempenho alto (síntese fonêmica, rima e segmentação fonêmica) e médio (síntese silábica, segmentação silábica, manipulação silábica, manipulação fonêmica e transposição silábica), é salutar considerarmos que o colaborador possui uma consciência fonológica, no mínimo, esperada para a sua idade, sabendo unir sílabas e fonemas (síntese silábica e fonêmica), discriminar rima (rima), separar palavras (segmentação silábica e fonêmica), formar novas palavras (manipulação silábica e fonêmica) e criar palavras por meio da inversão (apenas transposição silábica). Tal análise é, ainda, reforçada pelo escore bruto total que ele obteve na prova de consciência fonológica (32 pontos), equivalente a um desempenho médio (113 pontos) muito próximo ao alto (entre 115 e 129).

Existem habilidades, tais como a consciência fonológica, a consciência sintática, o vocabulário, a memória fonológica e a nomeação, advertem Trevisan *et al.* (2012c, p. 19), que, ao mesmo tempo, indicam possíveis distúrbios de linguagem e predizem o desempenho posterior em soletrar (Bradley; Bryant, 1983), em leitura (Trevisan *et al.*, 2012c; Bradley; Bryant, 1983) e em escrita (Trevisan *et al.*, 2012c). Nesse sentido, Capovilla *et al.* (2004, p. 456) reiteram a correlação apresentada, ao constatarem que "os resultados [de pesquisa] sugerem que os processos cognitivos envolvidos na leitura e na escrita estão relacionados fortemente ao processamento fonológico, incluindo consciência fonológica e memória fonológica".

Em nosso caso, apesar de G.B.L.A. ter certa dificuldade na memória fonológica, o que acarretaria, segundo Capovilla *et al.* (2004, p. 456), forte repercussão nas atividades de leitura e de escrita, notamos, ainda em consonância com os autores, que a aquisição de consciência fonológica adequada para a idade colaborou, sobremaneira, para o desempenho do colaborador nas atividades de leitura e de escrita, que serão analisadas logo adiante. Consideramos fulcral destacar o desempenho do estudante nos testes que deflagraram uma boa estocagem de vocabulário, o que, em nossa análise, colaboraria, de igual modo, para o desempenho de leitura e de escrita.

Em sintonia com esse dado, Locke (1980), citado por Trevisan *et al.* (2012c), destaca que a nomeação de figuras é uma das habilidades de linguagem oral, que, segundo Trevisan *et al.* (2012c, p. 20), consiste "[n]a habilidade de resgatar uma informação fonológica da memória de longo prazo diante de um estímulo visual". De igual modo, como seria de se esperar, a aquisição de tal habilidade acarreta o aprendizado de leitura e de escrita, nas palavras de Cardoso-Martins e Pennington (2001).

Dando sequência à nossa análise, passamos, então, para as habilidades que envolvem leitura e escrita. No desempenho do teste contrastivo de leitura, do teste de contrastivo de compreensão auditiva e da prova de escrita sob ditado, em que avaliamos, respectivamente, leitura, compreensão auditiva e competência escrita para palavras e para pseudopalavras, ficou claro que o nosso colaborador não apresentou quaisquer dificuldades na execução das tarefas demandadas tanto pelos testes quanto pela prova. No quesito leitura, G.B.L.A. obteve, conforme está evidente na tabela 1, desempenho médio, haja vista que seu escore bruto foi de 36 pontos, e a pontuação padrão média esperada para a sua idade no teste contrastivo de leitura varia entre 22 e 39. O resultado desta avaliação é condizente com a ausência de queixas na anamnese relativas a dificuldades em leitura, pois, em conformidade com Rotta e Pedroso (2016, p. 141), é comum que a família de uma criança disléxica se queixe de dificuldades na alfabetização e de ausência de interesse por leitura e/ou escrita. Dessa forma, o quadro clínico da criança em estudo associado ao desempenho no teste contrastivo de leitura nos conduzem à conclusão de que G.B.L.A. não apresenta quaisquer sinais de dislexia.

Em relação ao teste contrastivo de compreensão auditiva, nosso colaborador obteve, consoante à tabela 1, escore máximo (40 pontos), sinalizando, assim, uma pontuação padrão alta. Ao compararmos esse desempenho com o do teste anterior (teste contrastivo de leitura), constatamos que, em virtude do déficit em funções executivas (a serem abordados ao final desta seção), a criança em estudo teve uma melhor performance neste teste devido à leitura que foi realizada. Como no teste contrastivo de leitura G.B.L.A. precisava manter atenção no que lia e, para tanto, realizar busca visual (mensurada pelo teste de trilhas), obteve escore médio, diferentemente do resultado do teste contrastivo de compreensão auditiva, que revelou um desempenho alto, por não necessitar de foco no estabelecimento de contato visual. Dessa forma, o controle inibitório se voltou apenas para a informação auditiva, e não para a visual.

A respeito da competência escrita para palavras e para pseudopalavras, aferida pela prova de escrita sob ditado, G.B.L.A. demonstrou, em alinhamento com o desempenho nos dois testes anteriores (leitura e compreensão auditiva), um desempenho médio (geral), segundo consta na tabela 1, com destaque para o resultado evidenciado na competência escrita em pseudopalavras. Devido à nossa suspeição inicial (uma defasagem nas funções executivas), acreditamos que o nosso colaborador tenha mais facilidade em "navegar" pelos fonemas, haja vista que as pseudopalavras, diferentemente das palavras, não possuem normas para a sua formação (a formação é aleatória). Ao realizar um estudo entre dois grupos (TDAH e não TDAH), Albuquerque *et al.* (2012, p. 253-254) comprovaram que o grupo não TDAH teve melhor desempenho na representação de palavras, porém não houve diferença significativa entre os grupos quanto aos tempos de decisão lexical na escrita de pseudopalavras. Ratifico, assim, que a escrita aciona mecanismos atencionais e requer, por conseguinte, controle inibitório, o que justifica o melhor desempenho na escrita de pseudopalavras.

Chegamos, agora, à avaliação de habilidades de aritmética, mensuradas pela prova de aritmética, nos níveis de processamento numérico e de cálculo. Há, para Menon (2010, p. 516), três níveis de processamento de informação aritmética: (1) processamento numérico básico (familiarização com números, símbolos e julgamento de magnitude, em conceitos como maior/menor); (2) computação matemática simples (cálculo versus[1] recuperação automática); e computação matemática complexa (sequenciamento, encadeamento de operações com grande demanda de memória de trabalho, atenção e processamento visuoespacial).

No que diz respeito às habilidades de cálculo, McCloskey *et al.* (1985, p. 179), por sua vez, complementam que elas envolvem: (1) o processamento de símbolos operacionais (+) ou palavras operacionais (mais) na identificação da operação a ser realizada; (2) a recuperação

[1] Apesar de termos tido contato com o artigo original de Menon (2010), concordamos com a tradução de Dias e Seabra (2013a, p. 77) do segmento "cálculo e recuperação automática", não utilizando, assim, o termo *versus*. Acreditamos não ser o caso de uma dicotomização de conceitos, mas de uma inter-relação.

de fatos aritméticos básicos (contidos na tabuada); e (3) a execução de procedimentos de cálculos (envolvendo dois números e os mecanismos de "armar" a operação e efetuá-la).

Optei por expor o modelo de Menon (2010) e as habilidades evidenciadas por McCloskey *et al.* (1985), já que percebo na 2ª parte da prova de aritmética, que envolve cálculo, a distinta complexidade demandada pela computação matemática simples e pela complexa (cf. Menon, 2010), assim como pela recuperação de fatos aritméticos básicos e pela execução de procedimentos de cálculos (cf. McCloskey *et al.*,1985). Essas proposições, portanto, confirmam os resultados encontrados na avaliação de G.B.L.A., cuja dificuldade incidiu, sobretudo, na realização de cálculos, especialmente nos mais complexos, e nos procedimentos de cálculos envolvendo dois números, como podemos notar na tabela 1.

No que tange às observações quantitativas, os resultados, na tabela 1, foram médio para a competência aritmética geral (escore de 20), com pontuação bastante próxima do limite inferior do nível médio, posto que o resultado esperado para a idade varia entre 19 e 40; médio para processamento numérico (escore de 13), quase atingindo o nível alto (14 pontos), o que nos permite concluir que G.B.L.A. possui familiaridade com a linguagem matemática; e baixo para cálculo (escore de 7), quase atingindo o nível médio (que varia entre 8 e 22). Entretanto, no que diz respeito às observações qualitativas, o colaborador demonstrou, com frequência, constantes desconfortos na execução das tarefas de cálculo, em virtude das dificuldades encontradas nestas, o que vai ao encontro do nível alcançado para a idade: baixo.

Logo, a criança sob análise obteve um desempenho melhor em processamento numérico do que cálculo e, ainda, na avaliação do cálculo, alcançou resultados baixos em decorrência da memória de trabalho, da atenção e do processamento visuoespacial (cf. Menon, 2010, p. 516), recrutados no encadeamento de operações matemáticas mais complexas e, sobretudo, na tarefa que envolvia as três habilidades apresentadas pelo autor, haja vista que ele solicitava à criança que ouvisse a operação matemática proposta, escrevesse-a, preferencialmente na vertical, e resolvesse-a. Julgo relevante ressaltar, entretanto, que a criança ainda não teve contato com operações de divisão e estava ainda se familiarizando com as operações de multiplicação, o que gerou certo nervosismo ao ter de executar tarefas que envolvessem tais operações. Desse modo, desconsideraremos, para efeitos de análise qualitativa, a não realização de tais tarefas.

Por fim, chegamos à investigação das habilidades que parecem ser centrais em nosso estudo: a atenção e as funções executivas. No plano qualitativo, ressalto que, de modo geral (e não apenas nas tarefas relativas às funções executivas e à atenção), G.B.L.A. se dedicou a realizar os testes e as provas, especialmente nos casos em que conseguia executar a tarefa (era visível a sua motivação). As dispersões eram mais frequentes quando as tarefas não eram atrativas e/ou demandavam conhecimentos os quais ele ainda não tinha desenvolvido (nem parcial nem totalmente). Ao tratarmos desse campo, iremos adotar dois procedimentos: avaliação da atenção e das funções executivas, e avaliação da atenção e das funções executivas em interface com linguagem oral, leitura e escrita, e aritmética. Tal decisão se deu, assim como já destacamos, devido à queixa principal manifestada na anamnese, que girou em torno dos níveis atencionais de G.B.L.A.

Lezak *et al.* (2004), citados por Menezes *et al.* (2012, p. 35), consideram que as funções executivas são compostas por volição (capacidade de se envolver em um comportamento intencional e formular um objetivo ou uma intenção); planejamento (processo que abarca funções da memória, controle de impulsos e atenção sustentada); comportamento com propósito (atividades programadas em prol de um objetivo desejado); e desempenho efetivo (início de uma atividade, manutenção, alteração de seu curso (flexibilidade) e interrupção de sequências de comportamento (controle inibitório)).

Barkley (2001, p. 7) propõe um modelo de funções executivas, que se inicia pela inibição do comportamento, responsável por atrasar a resposta principal, por interromper respostas contínuas e por controlar interferências. Esse controle inibitório, prossegue o autor (2001, p. 7), está conectado a outras quatro funções executivas, a saber: sentir-se a si mesmo (funções retrospectiva e prospectiva); falar consigo próprio (linguagem receptiva e fala expressiva); gerar emoção/motivação própria (afeto auto-direcionado, motivação intrínseca); e jogar consigo mesmo (análise e síntese). O gerenciamento de tais funções executivas repercutirão no controle motor (Barkley, 2001, p. 7). De modo complementar, Barkley (1997) sintetiza que o controle inibitório demanda cinco habilidades: memória de trabalho; internalização da fala; autorregulação afetiva, motivacional e excitatória; reconstituição (uma fase analítica); e controle motor, fluência e sintaxe.

Na esfera da investigação da flexibilidade cognitiva, Dias e Tortella (2012, p. 67) esclarecem que o teste de trilhas é dividido em duas partes, sendo a primeira destinada à avaliação da busca visual, e a segunda, à avaliação da atenção, da velocidade e, sobretudo, da flexibilidade. Como pode ser comprovado na tabela 1, o desempenho de G.B.L.A foi considerado médio na segunda parte do teste (escore de 6), considerando, especialmente, que o nível médio para a idade do colaborador varia entre 2 e 10, o que nos permite constatar que a criança não se encontra no limite inferior da pontuação padrão esperada para a idade e que não há repercussões consideráveis no que concerne à flexibilidade cognitiva. No entanto, não observamos o mesmo quadro ao analisarmos a primeira parte do teste, cujo resultado, em conformidade com a tabela 1, foi considerado muito baixo (escore de 14), uma vez que a pontuação padrão esperada para a idade varia entre 22 e 24. Os resultados colaboram para pensarmos em um típico caso de TDAH, que preserva certo desempenho relativo à flexibilidade cognitiva, porém apresenta dificuldades de concentração em tarefas mais duradouras, que exigem busca visual constante.

A avaliação dos níveis atencionais (atenção geral, atenção seletiva, atenção sustentada e atenção alternada), realizada por meio do teste de atenção por cancelamento, corroboram com os resultados encontrados no teste de trilhas, na medida em que o nosso colaborador apresenta, na tabela 1, resultado médio para todas as habilidades atencionais: atenção geral (escore de 65), atenção seletiva (escore de 39), atenção sustentada (escore de 1) e atenção alternada (escore de 25), sendo esperado para a idade as respectivas variações de escore (36 – 74; 18 – 44; 1 – 3; 13 – 32). Notamos que, embora os níveis sejam os desejáveis para a idade, G.B.L.A. demonstrou maior dificuldade, em consonância com o resultado revelado no teste de trilhas, na manutenção da atenção sustentada, posto que o escore se encontra exatamente no limite inferior da pontuação padrão média.

Similarmente aos resultados (1) adequados para a flexibilidade cognitiva e para a atenção seletiva e alternada, (2) adequados, porém limítrofes, para a atenção sustentada, e (3) muito baixo para a busca visual, Rotta (2016b, p. 281) esclarece que a criança com TDAH, nossa principal suspeição para o caso em estudo, tem dificuldades de acompanhar instruções longas e, com frequência, não acompanha as instruções relativas às tarefas escolares, demonstrando dificuldades na "realização de tarefas que envolvam esforço mental sustentado".

A partir dos resultados encontrados na avaliação dos quatro campos, procederemos com a interface entre o campo da atenção e das funções executivas, e os campos da linguagem oral, da leitura e da escrita, e da aritmética. Com relação à linguagem oral, G.B.L.A. possui uma boa estocagem de vocabulário expressivo, porém defasagem na memória fonológica de trabalho (aliteração e transposição fonêmica), o que se relaciona fortemente com as funções executivas. No entanto, as alterações em funções executivas, de modo geral, não produziram defasagens no campo da linguagem oral, haja vista que o colaborador possui consciência fonológica (prova de consciência fonológica), vocabulário expressivo (teste infantil de nomeação) e memória lexical (teste de repetição de palavras e pseudopalavras) adequados para a sua idade.

Com relação à leitura e à escrita, os resultados demonstraram não haver sinais de dislexia. Todavia, há desdobramentos relativos à atenção e às funções executivas, na medida em que G.B.L.A. teve melhor performance na compreensão de sentenças faladas (os níveis atencionais foram melhores quando a tarefa envolvia a leitura de um terceiro, ainda mais por não ser solicitada a busca visual – teste contrastivo de compreensão auditiva), em comparação à compreensão de sentenças escritas (teste contrastivo de leitura), além de ter tido desempenho superior na escrita de pseudopalavras (a dificuldade em seguir as regras, na composição de palavras, e a facilidade em "navegar" pelos fonemas, na produção de pseudopalavras – prova de escrita sob ditado).

A última interface é com a aritmética (prova de competência aritmética), que traz repercussões relevantes na habilidade de cálculo. Apesar de ter realizado tarefas de cálculo, G.B.L.A. teve dificuldades na computação matemática complexa e na execução de procedimentos de cálculos, justificadas, assim como já fizemos referência, pelas lacunas nas funções executivas e nos níveis atencionais, uma vez que tais tarefas demandam armazenamento (memória de trabalho), atenção e processamento visuoespacial (cf. Menon, 2010), e estão, igualmente, relacionadas ao desempenho baixo do colaborador em realizar busca visual (primeira parte do teste de trilhas).

Por fim, apresentamos um gráfico, cuja finalidade é dar visibilidade às habilidades que estão aquém do esperado para a idade, com vistas a conduzir um encaminhamento, na seção seguinte, quanto aos objetivos a curto, médio e longo prazo.

Gráfico 1 – Habilidades avaliadas aquém do esperado para a idade

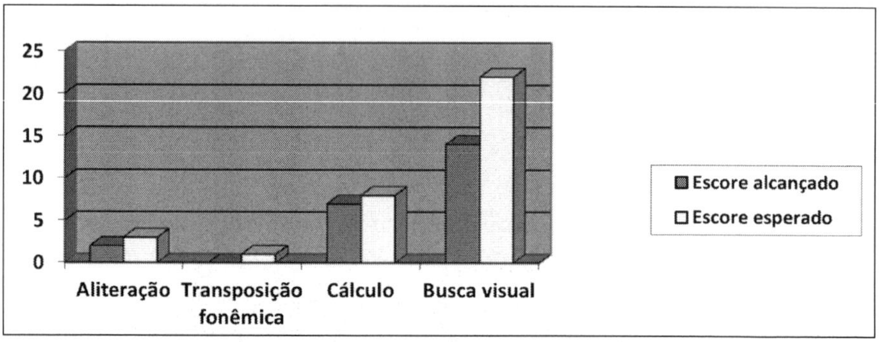

Fonte: Elaborado pelo autor.

3. Aplicações possíveis após a avaliação

Fazendo breve retrospecto à origem deste estudo de caso, propusemo-nos a avaliar uma criança por meio de um protocolo que englobou quatro campos (atenção e funções executivas, linguagem oral, leitura e escrita, e aritmética), bem como traçar metas de intervenção a curto, médio e longo prazo. Assim, esta seção se destina a contemplar esses objetivos, propostos no início deste trabalho, de modo a trazer uma síntese da análise e a propor as metas de intervenção.

Destacamos, para tanto, que, durante a entrevista, a mãe de G.B.L.A. revelou que a escola da criança se queixava, com frequência, da dispersão do menino e das frequentes atitudes de se levantar do assento e de questionar a professora. Tais queixas a fizeram procurar um atendimento psicopedagógico.

Motivados por essa queixa, procedemos com a análise dos quatro campos, constatando que G.B.L.A. possui defasagens relativas às funções executivas e à atenção, especialmente nas habilidades de busca visual e de atenção sustentada, em sintonia com a literatura em TDAH, gerando repercussões mínimas na consciência fonológica, posto que apenas duas, em dez, habilidades foram afetadas: a aliteração e a transposição fonêmica. A correlação entre tais habilidades e as funções executivas e à atenção se dá em função da baixa estocagem de memória fonológica (memória de trabalho).

Entretanto, frisamos que a avaliação das funções executivas evidenciou um grande impacto na habilidade de cálculo, pertencente à competência aritmética, mesmo tendo a criança adquirido linguagem matemática. G.B.L.A., nesse sentido, mais uma vez apresenta dificuldades em realizar busca visual e manter atenção sustentada, em virtude das dificuldades relativas à computação matemática complexa e à execução de procedimentos de cálculos. Em relação à busca visual, o gráfico 1 deixa evidente a discrepância entre os resultados encontrados na tarefa e o resultado esperado para a idade. Embora as demais colunas do gráfico 1 mostrem fina discrepância, não podemos deixar de considerar que as dificuldades atencionais e de função executiva colaboram fortemente para que haja tal diferença.

Com base na análise realizada, chegamos à conclusão de que G.B.L.A. tem fortes indícios de TDAH, que, obviamente, seriam confirmados por meio de investigações neurológicas. Contudo, os sinais e a narrativa da mãe encontram-se em alinhamento com o que define a APA (2014, p. 32), ao situar o TDAH no campo dos transtornos do desenvolvimento, "definido por níveis prejudiciais de desatenção, desorganização e/ou hiperatividade-impulsividade". Rotta (2016b, p. 276) complementa que o TDAH se caracteriza a partir da percepção de um nível inadequado de atenção para dada idade, acarretando distúrbios motores, perceptivos, cognitivos e comportamentais. Nesse sentido, percebemos, pelos testes e pelas provas realizados/as, que o componente mais afetado foi o atencional, porém, retomando a queixa da escola, não descartamos o componente hiperatividade-impulsividade.

Os encaminhamentos, em suma, seriam inicialmente a busca por um diagnóstico neurológico, porém destaco a importância de intervenções psicopedagógicas, em curto prazo, que privilegiam atividades alternadas e de curta duração. Ao perceber o cansaço da criança, recomendo solicitar que faça outras atividades, como beber água, lavar o rosto, realizar atividades lúdicas, a fim de intercalar tais ações com a atividade que a criança esteja executando. De igual modo, seria salutar dar preferência a comandos curtos, pois avalio que a proposição de várias ações concomitantes possibilita o esquecimento de algumas delas. Em médio e longo prazo, recomendo que tanto os comandos quanto as ações pedagógicas sejam gradativamente mais duradouras, uma vez que G.B.L.A. necessitará socialmente de realizar atividades que demandem busca visual e atenção sustentada. Todavia, o acompanhamento com uma equipe interdisciplinar se faz urgente.

2

Contribuições da neurociência para inclusão escolar de adolescente com alterações nas funções executivas e na linguagem oral

Guilherme Henrique de Oliveira Barbosa

O presente estudo de caso tem o objetivo de avaliar a aluna GRP, de 13 anos, que apresenta laudo de Transtorno de Déficit de Atenção e Hiperatividade (TDAH). A respeito da avaliação, cabe ressaltar que

> (...) é sempre relevante [realizá-la] com o propósito de traçar o perfil neuropsicológico do paciente/cliente, compreender a manifestação de seus sintomas e dificuldades e, sobretudo, para delinear um plano de intervenção (Seabra; Dias, 2012a, p. xiii).

Com base nessa necessidade de avaliar GRP, foi realizada uma anamnese com a genitora e aplicada uma bateria de instrumentos (testes e provas) encontrados em Seabra e Dias (2012a), quanto a atenção e funções executivas; Seabra e Dias (2012b), em relação à linguagem oral; e Seabra *et al.* (2013a), acerca de leitura, escrita e aritmética. Todos os instrumentos adotados são padronizados e com escore fundamentado na população brasileira, o que confere ao resultado o respaldo esperado para um estudo científico.

Segundo Urbina (2007), é importante que os instrumentos padronizados apresentem propriedades psicométricas para garantir fidedignidade. Igualmente foi utilizado, como ferramenta de avaliação ecológica, o SDQ (Questionário de Capacidades e Dificuldades), construído por Goodman, e validado no Brasil por Fleitlich *et al.* (2000).

Todo o estudo foi realizado no próprio ambiente escolar da aluna GRP (sua sala de aula), em turno contrário, eliminando-se quaisquer distratores. Os instrumentos foram, assim, aplicados durante o fim do primeiro semestre e o início do segundo semestre do ano de 2017. Em cada encontro, realizado semanalmente, foram aplicados um a dois instrumentos. O atendimento com a genitora foi realizado na própria escola em dois encontros: o primeiro destinado à realização da anamnese; e o segundo, à apresentação dos exames realizados antes desse estudo.

1. O caso GRP

Iniciais do nome: GRP

Data de nascimento: 20/08/2003

Sexo: Feminino

Série em que estuda: 8°ano (sem qualquer retenção)

Escola: Particular de Ensino Confessional em Brasília

Esquema familiar: Mora com os pais e com um irmão mais novo, sendo 4 integrantes em sua casa.

Idade dos pais: 44 anos (pai) e 38 anos (mãe)

Escolarização dos pais: ensino médio completo (pai) e ensino superior completo em Educação Física (mãe)

Situação socioeconômica dos pais: classe média

Laudo da adolescente: Transtorno do Déficit de Atenção e Hiperatividade – TDAH

Medicalização: A aluna fez uso de Metilfenidato durante o 5° e o 6° ano de vida, quando foi encaminhada para um neurologista, a pedido da escola. A medicação foi interrompida pela própria mãe, que julgou não ser mais necessária.

GRP é a primeira filha do casal, com a gravidez descoberta após 5 meses devido a uma queda sofrida pela mãe, com episódio de sangramento. A gravidez não foi planejada e a genitora fez uso de bebidas alcoólicas durante esse período, interrompendo o uso somente após a descoberta da gestação, o que a fez iniciar os exames pré-natais.

A queixa da mãe com relação ao comportamento e ao desenvolvimento da aluna é de imaturidade, desconcentração, desorganização, além de comportamento antissocial e baixo rendimento escolar. Aos 10 anos, foi diagnosticada com o Transtorno de Déficit de Atenção e Hiperatividade (TDAH), que, segundo APA (2014), é um transtorno que interfere na atenção, na hiperatividade e na impulsividade, que não necessariamente precisam estar presentes em sua totalidade.

Posteriormente ao laudo, foi novamente recomendado o uso da medicação anteriormente prescrita, que não foi utilizada por decisão da mãe. À ocasião, foi realizado, adicionalmente, o exame BERA (*Brainstem Evoked Response Audiometry*) – também chamado de PEATE (Potencial Evocado Auditivo do Tronco Encefálico) –, cujo objetivo consiste em investigar a integridade das vias auditivas, desde a orelha interna até o córtex cerebral (Neuromaster, s/d). GRP, todavia, não apresentou qualquer alteração significativa, conforme consta em seu exame.

Neste ano, foi diagnosticada com hipotireoidismo e, desde então, está fazendo acompanhamento médico. A adolescente encontra-se acima do peso e, em virtude disso, apresenta dificuldades motoras relatadas pela própria mãe. Em decorrência do histórico gestacional, a mãe desenvolveu um comportamento de superproteção, realizando, por conseguinte, muitas atividades que deveriam ser executadas pela própria adolescente. GRP apresentou comportamento agressivo na infância e ainda apresenta momentos de descontrole emocional. Possui poucos amigos e estes encontram-se em sua totalidade nos ambientes virtuais. Segundo a mãe, a relação com o pai não é bem estabelecida.

Durante esse estudo, optou-se pelo encaminhamento psicológico para a realização do teste psicométrico de personalidade (IFP II – Inventário Fatorial de Personalidade) e do teste de atenção d2 (Atenção Concentrada), que corroboram com os relatos da mãe.

GRP faz psicoterapia há um ano com psicóloga, porém não é a mesma profissional que participou deste estudo.

Este estudo visa a pesquisar o impacto do TDAH no processo de aprendizagem escolar da adolescente, assim como propor intervenções baseadas nos dados encontrados e relacionados.

Dessa forma, foram aplicados os instrumentos citados anteriormente para mensurar as habilidades de GRP.

Tabela 1 – Apresentação dos resultados das habilidades avaliadas

Habilidade Avaliada	Resultado	Resultado esperado para idade	Classificação	Observação para aplicação fora da faixa etária
Vocabulário expressivo e memória de longo prazo	45	49 a 58	**Baixa**	
Memória de curto prazo Fonológica - Geral	7	7 a 10	Média	
Subteste para Palavras	4	5 a 7	**Baixa**	
Subteste para Pseudopalavras	3	3	Média	
Consciência fonológica por produção oral - Geral	37	32 a 39	Média	
Subteste de Síntese silábica por produção oral	4	4	Média	
Subteste de Síntese fonêmica por produção oral	4	3 a 4	Média	
Subteste de Rima por produção oral	3	4	**Baixa**	
Subteste de Aliteração por produção oral	4	4	Média	
Subteste de Segmentação silábica por produção oral	4	4	Média	
Subteste de Segmentação fonêmica por produção oral	4	1 a 3	Alta	
Subteste de Manipulação silábica por produção oral	4	4	Média	

Habilidade Avaliada	Resultado	Resultado esperado para idade	Classificação	Observação para aplicação fora da faixa etária
Subteste de Manipulação fonêmica por produção oral	4	3 a 4	Média	
Subteste de Transposição silábica por produção oral	3	4	Baixa	
Subteste de Transposição fonêmica por produção oral	3	3 a 4	Média	
Leitura	40	36 a 40	Média	Comparado com alunos de 11 anos
Compreensão Auditiva	39	39 a 40	Média	Comparado com alunos de 11 anos
Prova de Escrita Sob Ditado	0,19	0,4 a 0,1	Média	Comparado com alunos de 11 anos
Subteste de Palavras	0,125	0,35 a 0,05	Média	Comparado com alunos de 11 anos
Subteste de Pseudopalavras	0,333	0,6 a 0,1	Média	Comparado com alunos de 11 anos
Competência Aritmética - Geral	55	49 a 57	Média	Comparado com alunos de 11 anos
Subteste de Cálculo	27	28 a 35	Baixa	Comparado com alunos de 11 anos
Subteste de Processamento numérico	14	14	Média	Comparado com alunos de 11 anos
Flexibilidade cognitiva - Geral	0	-9 a -3	Alta	
Subteste - Parte A	24	24	Média	
Subteste - Parte B	24	14 a 21	Alta	
Atenção - Geral	97	81 a 101	Média	
Atenção seletiva	50	37 a 50	Média	

Habilidade Avaliada	Resultado	Resultado esperado para idade	Classificação	Observação para aplicação fora da faixa etária
Atenção sustentada	5	5 a 7	Média	
Atenção alternada	42	32 a 43	Média	
Planejamento Geral	23	27 a 33	Baixa	
Subteste – problemas de 5 a 8	7	6 a 9	Média	
Subteste – problemas de 9 a 12	6	5 a 8	Média	
SDQ Total Família	17	0 a 13	Anormal	
Sintomas Emocionais	4	0 a 3	Limítrofe	
Problemas de Conduta	1	0 a 2	Normal	
Hiperatividade	5	0 a 5	Normal	
Problemas com Colegas	7	0 a 2	Anormal	
Comportamento Pró-social	8	6 a 10	Normal	
SDQ Total Escola	28	0 a 13	Anormal	
Sintomas Emocionais	8	0 a 3	Anormal	
Problemas de Conduta	6	0 a 2	Anormal	
Hiperatividade	6	0 a 5	Limítrofe	
Problemas com Colegas	8	0 a 2	Anormal	
Comportamento Pró-social	1	6 a 10	Anormal	

Fonte: Elaborada pelo autor.

É importante ressaltar que, no SDQ (Questionário de Capacidades e Dificuldades), quanto maior a pontuação alcançada, maior o comprometimento da adolescente na respectiva habilidade, exceto no comportamento pró-social, em que o menor resultado aponta para o maior comprometimento nesta habilidade.

Gráfico 1 – Habilidades avaliadas aquém do esperado para a idade

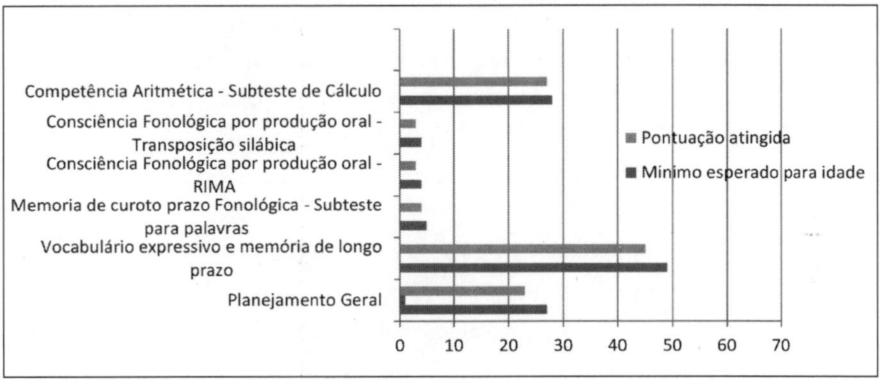

Fonte: Elaborado pelo autor.

Tabela 2 – Informações provenientes dos testes psicométricos anexos (produzidos pela psicóloga Viviane da Silva Ottone – CRP 17166)

IFP II – Inventário Fatorial de Personalidade		
Assistência	85%	Extremamente alto
Intracepção	80%	Extremamente alto
Afago	90%	Extremamente alto
Deferência	85%	Extremamente alto
Afiliação	50%	Médio
Dominância	50%	Médio
Desempenho	65%	Forte
Exibição	95%	Extremamente alto
Agressão	70%	Forte
Ordem	**5%**	**Baixo**
Persistência	**15%**	**Baixo**
Mudança	35%	Fraco
Autonomia	85%	Extremamente alto

Fonte: Elaborada pelo autor.

2. Análise dos resultados

Fundamentado nos resultados evidenciados pela avaliação, pode-se afirmar que GRP situou-se abaixo do esperado para a idade nas seguintes habilidades: memória de curto prazo fonológica, memória de longo prazo e vocabulário expressivo (habilidades de linguagem oral), incluindo rima e transposição silábica (habilidades de consciência fonológica). É possível relacionar tais resultados com os dados encontrados para a leitura e a escrita, uma vez que essas habilidades de linguagem oral constituem a base para a construção do processo de leitura e de escrita (Trevisan *et al.*, 2012c). É preciso considerar que, nas habilidades de leitura e de escrita, GRP foi comparada com crianças de 11 anos e apresentou erros de transposição fonografêmica.

Apesar da atenção apresentar nível dentro da média, observou-se falha no planejamento, que também demanda dessa habilidade. Estudos vêm apontando que habilidades relacionadas a funções executivas podem não ser sensivelmente acessadas através de testes clínicos (Barkley, 2011; Hamdan; Pereira, 2009). Portanto, optou-se por aplicar uma avaliação ecológica, com o intuito de coletar dados sobre o comportamento de GRP nos ambientes familiar e escolar. O SDQ, instrumento escolhido para esta coleta, indicou os resultados apresentados a seguir.

Para as respostas da família, o relacionamento com os colegas apresentou-se em nível anormal; e a emoção, na classificação limítrofe. Para as respostas da escola, o relacionamento, a emoção, a conduta e o comportamento pró-social apresentaram-se anormais, ao passo que a hiperatividade foi classificada como limítrofe. Nota-se que os sintomas de TDAH estão mais evidentes no espaço escolar, onde a rede de relacionamento se torna mais ampla. O baixo desempenho na habilidade de cálculo pode estar relacionado com o resultado encontrado na habilidade de planejamento. GRP utiliza método longo para realização das operações de divisão, aumentando, por conseguinte, a possibilidade de erros por desatenção.

Durante a aplicação do teste Torre de Londres, foi possível observar que o controle inibitório – parte integrante das funções executivas – não se apresenta bem desenvolvido. Trata-se de um dado qualitativo importante para o estudo, pois o domínio dessa habilidade está associado à capacidade de inibir distratores. Durante a aplicação do teste, GRP tentava conversar com o aplicador e desviava, com frequência, o olhar do objetivo principal.

3. Aplicações possíveis após a avaliação

Diante da análise e dos resultados obtidos nos instrumentos aplicados neste estudo, é possível afirmar que os dados coletados confirmam a hipótese diagnóstica de TDAH, subtipo desatento.

Os déficits encontrados na linguagem oral, relacionados com a escrita da adolescente, sugerem uma hipótese de dislexia, que precisa ser melhor investigada por um profissional de fonoaudiologia.

Os fatores emocionais e comportamentais confirmados na avaliação psicológica e igualmente observados no SDQ podem se tratar de comorbidades comuns em casos de TDAH. É fundamental a permanência de GRP na psicoterapia e, de extrema importância, o uso da medicação prescrita por médico especialista, uma vez que os estudos apontam que as medicações para o TDAH corrigem ou compensam sintomas presentes no transtorno (Barkley, 2011).

A inclusão no ambiente escolar deve atender a questões metodológicas e didáticas. Minimizar distratores no ambiente, trabalhar com a técnica de rastreio de erros após a realização de avaliações, intercalar tempos curtos de sustentação da atenção são iniciativas de inclusão para a adolescente, que apresenta TDAH. De igual modo, promover pesquisas e investigações em grupo pode auxiliar GRP na relação com os colegas.

Quanto aos déficits encontrados na linguagem oral e na memória de longo prazo, solicita-se um ledor para apoiar a compreensão de leitura da adolescente, bem como a utilização de recursos visuais e concretos durante as aulas, a fim de ampliar a possibilidade de compreensão.

À família recomenda-se a implementação de rotinas claras e bem objetivas, utilizando recursos visuais, com estabelecimento de prazos, para apoiar o planejamento e evitar a procrastinação clássica de portadores de TDAH. Além disso, torna-se fundamental trabalhar com reforço positivo, reconhecendo sempre os avanços de GRP.

Ao professor neurocientista, que trabalhará com a intervenção, orienta-se que insira a adolescente em programa de treino em funções executivas, uma vez que os estudos apontam resultados satisfatórios no ensino e no treino específico das funções executivas (Barkley, 2011).

Associado a essa ação, sugere-se tanto a estimulação da linguagem nas habilidades de rima e de transposição silábica, quanto a autocorreção da escrita, fazendo com que GRP identifique os erros de transposição fonografêmica que comete.

Este estudo não se dá por encerrado, uma vez que tão somente ampliou a hipótese diagnóstica, sugeriu encaminhamentos e propôs alternativas de intervenção. É possível concluir, a partir dessa análise, que a neurociência é um campo necessário no ambiente escolar, a fim de que os processos de aprendizagem sejam observados da interioridade para a exterioridade, considerando o funcionamento do sistema nervoso e de habilidades específicas. Os dados evidenciados nos instrumentos padronizados mostraram coerência e relevância para as decisões pedagógicas de intervenção e de inclusão escolar.

3

Drogadição, TDAH e dificuldades de aprendizagem na adolescência

Daniela Laender Caldeira

Este trabalho teve a colaboração de PA, um adolescente de 16 anos que cursa a terceira etapa do segundo segmento da Educação de Jovens e Adultos, correspondente ao 8° ano do Ensino Fundamental.

Seabra *et al.* (2012b) defendem que a neuropsicologia, como uma ciência interdisciplinar, pode auxiliar a compreender como a mente humana se organiza e funciona. Para as autoras (2012b), a avaliação neuropsicológica busca uma interpretação de achados de desempenho e/ou de funcionalidade que ultrapassam a análise restrita a dados quantitativos, possibilitando hipóteses acerca dos achados, assim como planejamento de estratégias de intervenção com o sujeito avaliado. Além disso, tal procedimento pode ser relevante para seis propósitos principais: diagnóstico, cuidados com o indivíduo, identificação de tratamentos necessários, avaliação dos efeitos dos tratamentos, pesquisa e questões forenses.

Urbina (2007), citada por Carvalho (2012, p. 28), aponta que os instrumentos psicológicos são ferramentas úteis no processo de avaliação, desde que determinadas propriedades psicométricas sejam verificadas e atinjam critérios pré-estabelecidos.

O avanço na área das neurociências tem contribuído para compreender os processos cognitivos e seus correlatos neurológicos, possibilitando o aprimoramento de procedimentos de avaliação e promovendo a reabilitação de pacientes com lesões ou disfunções neurológicas.

A metodologia utilizada no desenvolvimento desta avaliação seguiu as orientações teóricas de Seabra e Dias (2012a), Seabra e Dias (2012b), e Seabra *et al.* (2013a), que propõem instrumentos psicométricos nas áreas de atenção e de funções executivas, de linguagem oral, de leitura e de escrita, e de aritmética.

Este trabalho foi desenvolvido no período de novembro a dezembro de 2017, em uma escola pública de Educação de Jovens e Adultos (EJA), em Brasília (DF).

1. O perfil do caso PA

Segundo o relato da mãe do adolescente avaliado, PA sempre acompanhou o ensino regular, mas, a partir do 7° ano, começou a apresentar muitas dificuldades e se recusou a continuar os estudos na escola onde estava matriculado. Sua genitora procurou a EJA, pois o adolescente estava fora da faixa etária do Ensino Fundamental. Paralelamente, ele começou a receber acompanhamento psiquiátrico, devido a uma hipótese de Transtorno Bipolar. No decorrer desta avaliação, foi apresentada a declaração do acompanhamento médico. Em acréscimo à narrativa, a mãe confidenciou que o adolescente tem usado maconha e cigarro.

A mãe de PA, 45 anos, é funcionária pública, com ensino superior; e o pai, 47 anos, é autônomo, com nível médio de escolaridade. Ele é o único filho do casal.

O adolescente foi trazido pela mãe para a avaliação cognitiva, após queixa de abandono escolar, falta de motivação e baixo rendimento escolar, acarretando defasagem curricular na aquisição de habilidades e de competências para a sua faixa etária.

No momento da entrevista, a mãe, com tranquilidade, iniciou sua fala relatando os problemas enfrentados por ela em relação ao pai do adolescente, pois, desde a separação, o pai nunca mais procurou o filho.

A genitora afirmou que sua gravidez havia sido desejada e planejada por ela e por seu ex-marido. Fez acompanhamento pré-natal e, à ocasião, apresentava picos hipertensivos. O parto foi prematuro em decorrência de uma pré-eclâmpsia, necessitando, para tanto, de ser submetida a um parto cesáreo de urgência. Tanto a mãe quanto o bebê precisaram ficar na Unidade de Terapia Intensiva (UTI) por quinze dias.

A criança não tinha força muscular para amamentar, o que acarretou hipoglicemia. Após essas ocorrências, a mãe decidiu mudar de hospital, percebendo, assim, uma melhora no quadro do filho. No momento do parto, o líquido amniótico diminuiu, elevando, consequentemente, a pressão arterial da mãe para 220x140mmHg. A criança nasceu sem complicações pulmonares, porém apresentou icterícia.

O bebê não conseguiu mamar, mesmo com as tentativas da mãe. O período da papinha já foi mais tranquilo, ele sempre se alimentou bem. Atualmente, tem horário para comer, mas come depressa e não mastiga bem os alimentos.

Após a independência do uso de fraldas, com um pouco mais de dois anos, PA ficava bastante incomodado com o assento do "troninho", tendo a necessidade de se segurar na mãe todas as vezes.

Seu desenvolvimento psicomotor foi tardio: engatinhou mais tarde, andou com um ano e meio. Os pais o ensinaram a andar, sem muitos episódios de queda. Sempre foi muito curioso. Quando completou um ano, ele alcançou tamanho e peso adequados para a sua idade. Foi para a escola com dois anos e dois meses.

Segundo a mãe, PA é um adolescente desastrado e, quando pequeno, era muito agitado: andava de patins, a cavalo, de bicicleta, subia em árvores.

Começou a falar com pouco mais de dois anos e não trocava as letras. A mãe fez essa avaliação devido ao fato de ela nunca ter usado a fala de "tatibitate" quando conversava com o filho.

O sono de PA sempre foi agitado, tinha pesadelos e dormia na cama dos pais. Atualmente, dorme acompanhado da mãe, em virtude de se sentir muito inseguro, necessitando, com frequência, de segurar na mão da mãe para conseguir dormir.

No que diz respeito ao seu histórico clínico, PA tem alergia à picada de inseto e rinite. Já teve infecção por áscaris. Foi internado por hipoglicemia, acarretando episódios de convulsão (entre 3 e 4 anos de idade) e, em razão disso, não pode ficar em jejum prolongado. Desde os quatro anos, apresenta miopia e astigmatismo.

Quando criança, vivenciou algumas situações negativas que o sensibilizaram fortemente: a separação dos pais (4 anos), um atropelamento

(6 anos), as mortes da avó materna, da tia materna e do padrinho que tinha síndrome de Down. À época do atropelamento, o adolescente precisou fazer terapia.

Quando o pai morava com a mãe, aquele bebia, fumava e, algumas vezes, chegava em casa embriagado. O casamento terminou devido à violência doméstica sofrida pela mãe. Desde então, ela está em acompanhamento para tratar de depressão.

Segundo a mãe, ela não bate e não castiga o filho, pois prefere conversar. Ela admitiu, ainda, que não consegue dizer não, e que o filho não a percebe como figura de autoridade. Contudo, o adolescente sabe que pode fazer chantagem com a mãe para conseguir o que deseja, por conhecer as fragilidades dela.

A genitora apresentou uma declaração de um médico psiquiatra, em que afirma que o adolescente está sob acompanhamento psiquiátrico. Conforme a genitora, o adolescente apresenta Transtorno de Humor, com suspeita de Transtorno Bipolar, mas sem qualquer laudo que comprove tal afirmativa. Ela relatou que ele é desorganizado e perde seus objetos com bastante frequência. Ademais, apresenta mudanças bruscas de humor, além da falta de respeito com a mãe.

Ainda em conformidade com a narrativa da mãe, o adolescente faz uso de quatro medicamentos: cloridrato de sertralina, valproato sódico, hemifumarato de quetiapina e alprazolam.

Sua escola, localizada em uma área nobre de Brasília, oferece a Educação Básica nas seguintes modalidades: no turno matutino, é oferecido o Ensino Médio; no turno vespertino, há turmas de Ensino Fundamental (6º ao 9º); e no noturno, há turmas de Educação de Jovens e Adultos (1º, 2º e 3º segmentos) e de Ensino Médio regular.

A EJA é uma modalidade de ensino que atende a uma diversidade de sujeitos (adolescentes, adultos, idosos), em um cenário de pluralidade cultural, étnica, econômica, política, religiosa, entre outras. O adolescente estuda no turno noturno, e a faixa etária da clientela varia dos 15 aos 62 anos.

Com a redução da idade mínima de 18 para 15 anos na EJA, pode-se observar nesse segmento de educação um processo de "juvenilização" aos adolescentes oriundos do turno diurno, que possivelmente enfrentaram uma série de desafios (como reprovação e evasão). Muitos estudantes chegam ao turno noturno com imaturidade e despreparo, o que, diante dessa nova realidade, acaba tornando propício o envolvimento em situações de risco, como uso de drogas, brigas, entre outras situações.

Por meio de entrevista, os professores de PA se queixaram das ausências do aluno na escola e das suas dificuldades de aprendizagem, que acarretavam baixo rendimento escolar, defasagem curricular na aquisição de habilidades e de competências para sua faixa etária, e dificuldades em leitura e escrita.

2. O processo de avaliação

Segundo Fonseca R. P. (2012), o estudo de caso, enquadrado em uma abordagem qualitativa, constitui o método tradicional utilizado para a coleta de dados na área de neuropsicologia clínica, que permite a identificação de dissociações e de modularidade no caso sob estudo.

PA foi submetido a uma avaliação de habilidades cognitivas, por meio da aplicação de instrumentos nos campos da atenção (seletiva, sustentada e alternada), das funções executivas (planejamento, seleção e manutenção de estratégias, automonitoramento, iniciação e inibição, e flexibilidade cognitiva), da linguagem oral, da aritmética, e da leitura e da escrita.

Tabela 1 – Resultados evidenciados pelos instrumentos aplicados

Habilidade Avaliada	Resultado	Resultado esperado para idade	Classificação	Observações para aplicação fora da faixa etária
Vocabulário expressivo e memória de longo prazo	57	51- 57	Média	Comparado com faixa etária de 14 anos
Memória de curto prazo Fonológica - Geral	10	7-10	Média	Comparado com faixa etária de 14 anos
Subteste para Palavras	5	5	Média	Comparado com faixa etária de 14 anos
Subteste para Pseudo-palavras	5	5	Média	Comparado com faixa etária de 14 anos

Habilidade Avaliada	Resultado	Resultado esperado para idade	Classificação	Observações para aplicação fora da faixa etária
Consciência fonológica por produção oral - Geral	37	32 - 38	Média	Comparado com faixa etária de 14 anos
Subteste de Síntese silábica por produção oral	4	4	Média	Comparado com faixa etária de 14 anos
Subteste de Síntese fonêmica por produção oral	4	2 - 4	Média	Comparado com faixa etária de 14 anos
Subteste de Rima por produção oral	3	4	Muito baixa	Comparado com faixa etária de 14 anos
Subteste de Aliteração por produção oral	4	4	Média	Comparado com faixa etária de 14 anos
Subteste de Segmentação silábica por produção oral	4	4	Média	Comparado com faixa etária de 14 anos
Subteste de Segmentação fonêmica por produção oral	4	1-4	Média	Comparado com faixa etária de 14 anos
Subteste de Manipulação silábica por produção oral	4	4	Média	Comparado com faixa etária de 14 anos
Subteste de Manipulação fonêmica por produção oral	4	3 - 4	Média	Comparado com faixa etária de 14 anos

Habilidade Avaliada	Resultado	Resultado esperado para idade	Classificação	Observações para aplicação fora da faixa etária
Subteste de Transposição silábica por produção oral	4	3- 4	Média	Comparado com faixa etária de 14 anos
Subteste de Transposição fonêmica por produção oral	2	2-4	Média	Comparado com faixa etária de 14 anos
Consciência fonológica por escolha de figuras	45	45	Média	Comparado com faixa etária de 10 anos
Leitura	40	40	Média	Comparado com faixa etária de 11 anos
Compreensão auditiva	40	40	Média	Comparado com faixa etária de 11 anos
Prova de Escrita sob Ditado	0,05	0,1 a 0	Médio	Comparado com faixa etária de 11 anos
Subteste de palavras	0,08	0,05 a 0	Muito baixa	Comparado com faixa etária de 11 anos
Subteste de Pseudo-palavras	0	0,1 a 0	Média	Comparado com faixa etária de 11 anos
Competência Aritmética Geral	53	49 a 56	Média	Comparado com faixa etária de 11 anos
Subteste de Processamento Numérico	14	14	Média	Comparado com faixa etária de 11 anos
Subteste de Cálculo	29	28 a 34	Média	Comparado com faixa etária de 11 anos

Habilidade Avaliada	Resultado	Resultado esperado para idade	Classificação	Observações para aplicação fora da faixa etária
Flexibilidade cognitiva - Geral	-7	-3 a 0	Muito baixa	
Subteste - Parte A	18	24	Não apresentou escore esperado para a idade	
Subteste - Parte B	11	21 - 24	Muito baixa	
Atenção - Geral	84	96 a 105	Muito baixa	
Atenção seletiva	36	49 a 50	Não apresentou escore esperado para a idade	
Atenção sustentada	4	6 a 7	Muito baixa	
Atenção alternada	44	40 a 49	Média	
Planejamento Geral	33	33 a 35	Média	
Subteste – problemas de 5 a 8	11	11 a 12	Média	
Subteste – problemas de 9 a 12	10	10	Média	

Fonte: Elaborada pela autora.

Gráfico 1 – Habilidades avaliadas aquém do esperado

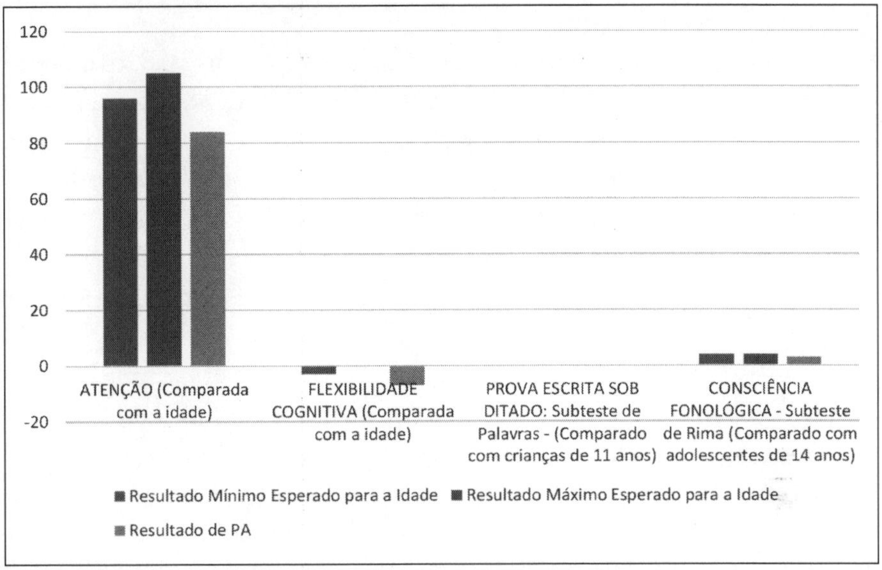

Fonte: Elaborada pela autora.

Observação: A prova escrita sob ditado computa frequência de erros. Quanto maior a frequência de erros, maior o comprometimento do avaliando na habilidade da escrita.

A avaliação de PA apontou para um comprometimento da atenção seletiva e da atenção sustentada, bem como da flexibilidade cognitiva. Os dados encontrados na avaliação do planejamento visual encontram-se em nível médio, porém com escore limítrofe, o que indica risco para comprometimento. É possível considerar que essas alterações estejam relacionadas ao quadro geral de saúde mental do adolescente. De igual modo, é possível afirmar que as alterações nas habilidades de rima, na prova escrita sob ditado e no subteste de palavras também estejam conectadas com o comprometimento atencional.

3. Considerações e aplicações possíveis após a avaliação

A queixa e os dados da anamnese, articulados com o processo avaliativo, sugerem que os problemas de aprendizagem de PA podem estar relacionados com as dificuldades no parto. Sua fragilização emocional dificultou as expressões socioafetivas e autorais de pensamento, sintomatizadas por medo. Essas dificuldades são oriundas da dinâmica familiar e, principalmente, da relação de PA com sua genitora, fato evidenciado durante a entrevista com a própria mãe.

Com a separação dos pais, o adolescente se tornou gradativamente mais dependente de sua mãe, que é insegura, passiva, depressiva e ansiosa. O vínculo entre mãe e filho foi estreitado com traços de dependência afetivo-relacional, reforçado pela ausência do pai e pela desestruturação familiar. PA traz um histórico de vida marcado por vínculos familiares pouco estruturadores (ausência de pai).

Além disso, é igualmente válido ressaltar o relato da genitora quanto ao comportamento oscilante do jovem, fortalecendo, assim, a suspeita de Transtorno de Bipolar. Sabe-se que esse transtorno pode ser uma comorbidade do Transtorno do Déficit de Atenção e Hiperatividade (TDAH).

Segundo Barkley (2011), o Transtorno do Déficit de Atenção e Hiperatividade causa uma deficiência considerável em todos os domínios da vida adulta, desde a educação até o trabalho e a família. O autor (2011) defende que, comumente, há outros transtornos em conjunto com o TDAH, tais como: Transtorno Opositor Desafiante (TOD); Transtorno de Conduta; deficiências de aprendizagem; Transtorno Bipolar, com início na infância e na adolescência; personalidade antissocial na vida adulta; alcoolismo e outros vícios; Síndrome de Tourette ou transtornos de tiques; e Transtorno do Espectro Autista (TEA).

Alguns estudos têm sugerido que os adultos com TDAH podem ter maior risco de apresentar Transtorno Bipolar (depressão Maníaca). Os adultos com tal transtorno têm um risco elevado de ter TDAH, sendo de 20 a 25%, para transtorno bipolar com início na idade adulta; de 35 a 45%, com início na adolescência; e de 80 a 97%, se o transtorno bipolar tiver tido início na infância.

Segundo APA (2014), o TDAH é um transtorno do neurodesenvolvimento definido por níveis prejudiciais da desatenção, da desorganização e/ou da hiperatividade-impulsividade, manifestando-se através de sinapses neurais deficientes no córtex pré-frontal, responsável pelas funções executivas. Ocasionado por uma anomalia nos neurotransmissores dopamina, serotonina e noradrenalina, o transtorno costuma persistir na vida adulta, resultando em prejuízos ao funcionamento social, acadêmico e profissional. Comumente tem início na infância, e os sintomas devem estar presentes antes dos doze anos de idade, manifestando-se, em geral, em mais de um ambiente (casa, escola, trabalho).

Entre as características associadas ao TDAH estão, conforme APA (2014), a baixa tolerância à frustração, a irritabilidade ou a labilidade do humor. O desempenho acadêmico ou profissional costuma estar prejudicado. Os indivíduos que apresentam esse transtorno podem exibir problemas cognitivos em testes de atenção, de função executiva ou de memória, mas apenas essa mensuração não é suficiente como índices diagnósticos. No início da idade adulta, o TDAH está associado a um risco aumentado de tentativa de suicídio, principalmente quando em comorbidade com transtornos de humor e de conduta, ou com uso de substâncias entorpecentes.

De acordo com APA (2014), o transtorno costuma ser identificado com maior frequência durante o ensino fundamental e prevalece no sexo masculino. Associam-se ao TDAH o reduzido desempenho escolar, o insucesso acadêmico, a rejeição social; e, nos adultos, o insucesso, a dificuldade em manter a assiduidade no campo profissional e a maior probabilidade de desemprego.

Barkley (2011) acredita que o TDAH seja hereditário, assim como outros transtornos mentais, podendo causar prejuízos em várias áreas da vida do indivíduo: casa, trabalho, vida social, comunidade, educação, relações amorosas, casamento, manejo do dinheiro, condução de veículos, atividades de lazer, sexualidade, criação dos filhos e responsabilidades diárias. O autor (2011) ressalta, ainda, que o uso excessivo de drogas pode resultar em problemas de atenção, memória e organização.

Para Barkley (2011), o TDAH, como problema neurológico e hereditário, pode reunir vários fatores, quais sejam: baixa inibição (dificuldade de parar para pensar naquilo que se está prestes a fazer); baixo autocontrole (qualquer reação ou conjunto de reações que se faz diferentemente do que deveria ser feito); e problemas com as funções executivas (habilidades de inibição, memória de trabalho, controle emocional, planejamento e atenção).

Seabra e Dias (2012a) acreditam que a atenção e as funções executivas são fundamentais para a interação humana com seu ambiente. Enquanto a atenção filtra e seleciona a informação, as funções executivas são responsáveis pelo comportamento autorregulado.

Barkley (2011) menciona que as habilidades que o ser humano precisa para exercer seu autocontrole são denominadas funções executivas: memória de trabalho não verbal, capacidade de armazenar informações na mente, memória de trabalho verbal, controle inibitório, controle da emoção e planejamento/resolução de problemas. Para o autor (2011), a região pré-frontal direita está associada à atenção e à inibição; a região estriatal, à busca de comportamento prazeroso ou compensador; o córtex cingulado anterior, à dominação ou à autorregulação das reações emocionais; e o cerebelo, ao momento ou à escolha de praticar determinadas ações.

As pessoas com TDAH têm menor atividade elétrica no cérebro, em função da deficiência de dopamina e de noradrenalina. Devido a esse quadro, Barkley (2011) defende a importância do uso de medicamentos para ajudar no controle do transtorno: medicamentos estimulantes corrigem a escassez de neurotransmissores que transportam para o cérebro as mensagens de estimulação de autocontrole, bem como estimulam as atividades nas regiões pré-frontais do cérebro.

Para Barkley (2011), o TDAH prejudica o desempenho acadêmico, propicia problemas de comportamento na escola e reduz o número de anos de educação concluídos com sucesso.

Além disso, o uso excessivo de drogas, conforme assegura Barkley (2011), pode resultar em problemas de atenção, de memória e de organização, em consonância com pesquisas que correlacionam o TDAH com o uso de substâncias químicas. Esses resultados de pesquisa estão em conformidade com o relato da mãe de PA quanto ao uso de cigarros e de maconha.

Silva (2003) afirma que as pessoas com TDAH são mais propensas ao uso de drogas. Muitas pessoas com TDAH possuem grande dificuldade em se manterem estáveis emocionalmente. O uso da maconha, inicialmente, proporciona grande alívio para a inquietação mental e física de alguém que apresenta o transtorno, mas, a longo prazo, promove desmotivação.

Para a autora (2003), deve-se destacar o fato de que algumas características típicas do comportamento de TDAH se encaixam perfeitamente no perfil de pessoas com tendência à dependência química. No que se refere ao aspecto biológico, o indivíduo busca o prazer ativando a dopamina, neurotransmissor que se encontra em escassez em portadores de TDAH.

Retomando o caso em estudo, foram avaliadas, no domínio das funções executivas, as habilidades de atenção, de flexibilidade cognitiva, e de planejamento e memória de trabalho. No TAC e no TT, os resultados de PA foram considerados baixos para a idade, percebendo-se um prejuízo tanto nas funções executivas quanto na atenção, o que pode estar relacionado com o TDAH.

Diante da queixa de dificuldades no aprendizado escolar, foram avaliadas a consciência fonológica, a habilidade de leitura, a escrita sob ditado e a habilidade em aritmética. Os resultados colaboraram para identificar que, além das dificuldades de atenção, PA também demonstra dificuldades, mais especificamente, na habilidade de rima e na escrita. Contudo, as demais habilidades avaliadas necessitam, igualmente, de intervenção psicopedagógica, uma vez que o nível médio encontrado em algumas delas pode ser considerado limítrofe em relação aos resultados para a classificação média e baixa.

Sugere-se, nesse sentido, uma avaliação com neurologista, bem como intervenção psicopedagógica, com vistas a minimizar as dificuldades de habilidades básicas para o ano escolar de PA, como o emprego de regras de acentuação gráfica, o processamento de rimas, o treino de funções executivas e a execução das quatro operações fundamentais.

Diante do quadro apresentado, algumas recomendações podem ser feitas. São elas:

- Ampliação da investigação de possível quadro de TDAH, através da avaliação ecológica, em virtude, principalmente, das dificuldades apresentadas nos testes relacionados às funções executivas e à atenção.
- Ingresso em uma terapia cognitiva comportamental, a fim de tratar as questões referentes à dependência do adolescente com sua genitora, bem como a questão concernente ao uso de substâncias químicas e alterações comportamentais.
- Acompanhamento psicopedagógico para intervenção nas dificuldades apresentadas.
- Estabelecimento de rotina de estudo.
- Posicionamento do adolescente mais proximamente ao professor, como ação de inclusão escolar, de modo que o estudante fique distante de distratores.
- Instrução quanto a estratégias de estudo para facilitar o reforço de sua aprendizagem.

- Uso de tempos reduzidos de sustentação da atenção no momento de executar suas atividades pedagógicas.
- Emprego de estratégias didáticas em que o desafio, a investigação e a recompensa estejam presentes.
- Redução da quantidade de distratores nas questões de prova.
- Encaminhamento do adolescente para a sala de recursos.

PARTE II

A NEUROCIÊNCIA E OS PROCESSOS DE LEITURA E DE ESCRITA

4

A contribuição dos instrumentos padronizados e normatizados na investigação de dificuldades no processo de aquisição de leitura e de escrita

Maria do Carmo Soares da Costa

Neste estudo de caso, foram utilizados os métodos clínicos de observação, entrevista e tarefas clínicas, que lançam mão de ferramentas clínicas e metodologicamente embasadas, com evidências psicométricas, padronizadas, normatizadas e validadas. Com esses instrumentos, foi possível ter acesso aos tipos e à frequência de erros cometidos por uma criança em cada área investigada, obter compreensão da área de melhor desempenho e, com isso, correlacionar dados quantitativos, com vistas à compreensão qualitativa desses dados. De acordo com Carvalho (2012, p. 28),

> a avaliação psicológica caracteriza-se por um processo cujo objetivo final é a obtenção de informações a respeito de aspectos psicológicos de determinado indivíduo ou grupo de indivíduos, possibilitando o subsídio e a orientação do processo de tomada de decisão.

Como qualquer ferramenta de avaliação psicológica, os instrumentos "neuropsicológicos devem apresentar parâmetros psicométricos adequados, geralmente acerca dos índices de fidedignidade e evidências de validade" (Carvalho, 2012, p. 29). Quanto à normatização, "um instrumento psicológico diz respeito à comparação da pontuação de uma pessoa no teste em relação à pontuação de um grupo de referência" (Carvalho, 2012, p. 29).

Para a realização deste estudo de caso, foi planejada a aplicação de instrumentos selecionados a partir das dificuldades relatadas pela professora quanto ao processo de alfabetização da criança.

Os instrumentos utilizados, bem como as habilidades investigadas, seguem a norma de aplicação das seguintes obras: Atenção e funções executivas (Seabra; Dias, 2012a); Linguagem Oral (Seabra; Dias, 2012b); Leitura, escrita e aritmética (Seabra *et al.*, 2013a); POP-TT (Protocolo de Observação Psicomotora) (Borghi; Pantano, 2010); e Manual de Avaliação Motora (Rosa Neto, 2015). Tais instrumentos aferiram resultados quanto às habilidades de atenção (seletiva, sustentada, alternada) e de flexibilidade cognitiva; de linguagem (consciência e discriminação fonológica); de compreensão auditiva, de leitura e de aritmética; e de desenvolvimento motor.

1. O perfil do caso R.B.M

A entrevista foi realizada com a mãe da criança avaliada. R.B.M., de 9 anos e 9 meses, sexo masculino, cursa o 3° ano do ensino fundamental e reside em Brasília- DF. Nascido aos 9 meses, caçula de duas gestações, tendo a irmã, no momento desse estudo de caso, 16 anos, o menino integra uma família de baixa renda, em que pais e filhos moram na mesma residência.

O pai frequentou a escola até o 5° ano, e a mãe concluiu o ensino médio. Durante o período gestacional, a mãe não relatou qualquer intercorrência. No entanto, no último exame médico realizado, foi constatado que o ritmo cardíaco do feto estava em descompasso, sendo necessária a indução do parto. A criança foi diagnosticada com icterícia pós-parto, necessitando, por conseguinte, receber o tratamento de fototerapia. À ocasião, a mãe relatou que R.B.M. apresentou também incompatibilidade sanguínea com ela.

Durante os primeiros meses de vida, fase em que as habilidades motoras se apresentavam em amplo desenvolvimento, não houve relato de qualquer dificuldade. Andou e desfraldou aos 9 meses. Caía muito e, atualmente, a mãe o considerava bastante estabanado e agitado.

Segundo a genitora, R.B.M. dorme sozinho e possui um bom relacionamento com todos em casa, por ser uma criança amável.

A mãe relatou que a irmã mais velha tem apresentado desmaios constantes, o que fez a família buscar por diagnóstico.

A professora de R.B.M. queixa-se da dificuldade de aquisição e consolidação do processo de leitura e de escrita, da agitação em sala, da dispersão constante, e da lentidão na realização das atividades propostas. Cabe ressaltar, em tempo, que a criança frequentou a educação infantil. A partir do relato da professora, a criança foi encaminhada para a Equipe Especializada de Apoio à Aprendizagem (EEAA), com o intuito de investigar as referidas dificuldades.

A partir da queixa da professora e das informações encontradas na anamnese, foram aplicados os instrumentos descritos na tabela 1, e os resultados podem ser visualizados nas tabelas 2 a 12.

Tabela 1 – Protocolo de Observação Psicomotora POP – TT e Manual de Avaliação Motora (Faixa etária: 4 a 12 anos)

Habilidades	Resultados obtidos	Resultados esperados para idade	Classificação
Discriminação da Lateralidade	0	4 a 8	Fraco
Organização Espacial	2	10	Fraco

Fonte: Elaborada pela autora.

Tabela 2 – Teste de Atenção por Cancelamento – TAC (Faixa etária: 5 a 14 anos)

Habilidades	Resultados obtidos Escore bruto	Resultados esperados para idade	Classificações
Seletiva	25	22 a 43	Média
Sustentada	1	1 a 5	Média
Alternada	23	25 a 37	Baixa
Geral	49	51 a 85	Baixa

Fonte: Elaborada pela autora.

Tabela 3 – Teste de Trilhas (Faixa etária: 6 a 14 anos)

Habilidades	Resultados obtidos Escore bruto	Resultados esperados para idade	Classificações
Flexibilidade Cognitiva – Teste A	19	23 a 24	Muito baixa
Flexibilidade Cognitiva – Teste B	2	1 a 11	Média
Flexibilidade Cognitiva – B - A	-17	-23 a -12	Média

Fonte: Elaborada pela autora.

Tabela 4 – Teste Infantil de Nomeação – TIN (Faixa etária: 3 a 14 anos)

Habilidades	Resultados obtidos Escore bruto	Resultados esperados para idade	ClassificaçÃO
Vocabulário Expressivo/ Memória de longo prazo	47	34 a 46	Alta

Fonte: Elaborada pela autora.

Tabela 5 – Teste de Repetição de Palavras e Pseudopalavras – TRPP (Faixa etária: 3 a 14 anos)

Habilidades	Resultados obtidos Escore bruto	Resultados esperados para idade	Classificações
Memória de Curto prazo – Repetição de Palavras	4	3 a 5	Média
Memória de Curto prazo – Repetição de Pseudopalavras	3	2 a 4	Média
Total Geral	7	5 a 9	Média

Fonte: Elaborada pela autora.

Tabela 6 – Prova de Consciência Fonológica por Produção Oral – PCFO (Faixa etária: 3 a 14 anos)

Habilidades	Resultados obtidos Escore bruto	Resultados esperados para idade	Classificações
Síntese Silábica	4	4	Média
Síntese Fonêmica	0,5	2 a 4	Muito baixa
Rima	1	3 a 4	Muito baixa
Aliteração	3	4	Baixa
Segmentação Silábica	4	4	Média
Segmentação Fonêmica	0	1 a 2	Não obteve resultado possível para classificação.
Manipulação Fonêmica	0	2 a 4	Muito baixa
Manipulação Silábica	1	3 a 4	Muito baixa
Transposição Silábica	2,5	2 a 4	Média
Transposição fonêmica	0	1 a 3	Muito baixa
Geral	16	25 a 34	Muito baixa

Fonte: Elaborada pela autora.

Tabela 7: Consciência Fonológica por Escolha de Figuras – PCFF (Público-alvo: Estudantes de 1° ao 5° ano do Ensino Fundamental)

Habilidades	Resultados obtidos Escore bruto	Resultado esperado para a idade	Classificação
Rima	4		
Aliteração	4		
Adição Silábica	5		
Subtração Silábica	2		
Adição Fonêmica	5		
Subtração Fonêmica	3		

Habilidades	Resultados obtidos Escore bruto	Resultado esperado para a idade	Classificação
Transposição Silábica	5		
Transposição Fonêmica	2		
Trocadilho	5		
Geral	35	40 a 44	Baixa

Fonte: Elaborada pela autora.

Tabela 8 – Teste Contrastivo de Compreensão Auditiva e de Leitura – TCCAL (Faixa etária: 6 a 11 anos)

Habilidades	Resultados obtidos Escore bruto	Resultados esperados para idade	Classificações
Sentenças Escritas	***	1 a 28	Não obteve resultado possível para classificação.
Sentenças Faladas	34	37 a 40	Muito Baixa

Fonte: Elaborada pela autora.

Tabela 9 – Prova de Escrita sob Ditado – PED (versão reduzida) (Faixa etária: 6 a 11 anos)

Habilidades	Resultados obtidos Escore bruto	Resultados esperados para idade	Classificações
Palavras	2,38	0,45 a 0,1	Muito baixa
Pseudopalavras	1,44	1,15 a 0,25	Muito baixa
Geral	3,83	0,5 a 0,2	Muito baixa

Fonte: Elaborada pela autora.

Tabela 10 – Prova de Aritmética – PA (Faixa etária: 6 a 11 anos)

Habilidades	Resultado obtido Escore bruto	Resultado esperados para a idade	Classificação
Matemática	14	19 a 40	Muito baixa
Processamento numérico	7	13 e 14	Muito baixa
Cálculo	6	20 a 32	Muito baixa

Fonte: Elaborada pela autora.

2. Comparação de dados relevantes com base nos resultados dos instrumentos e na anamnese

Tratamos a questão da aprendizagem e as suas dificuldades como o eixo principal desse estudo de caso, e, especificamente, as habilidades necessárias para a aquisição da leitura e da escrita, bem como as dificuldades detectadas que obstaculizam a aquisição e a consolidação desse processo.

Portanto, para se compreenderem essas dificuldades, necessita-se entender que a aprendizagem, segundo Ohlweiler (2016b, p. 28), "consiste em um processo de aquisição, conservação e evocação de conhecimentos e ocorre a partir de modificações do Sistema Nervoso Central (...)". E é por meio dos sentidos que o SNC irá compreender, perceber, analisar, armazenar, elaborar e, por fim, exprimir informações, exigindo também que outras funções participem desse processo, como a atenção, a percepção visual, a auditiva, a táctil-cinestésica, a memorização, a planificação e a psicomotricidade (Diament, 2016, p. 434). Cabe também destacar que "é necessário compreender a estrutura e o funcionamento do SNC para entender as relações dinâmicas e complexas nas dificuldades de aprendizagem", como afirma Jardim (2005, p. 133).

Com isso, neste estudo de caso, objetiva-se investigar as aprendizagens potencializadas, bem como as referidas habilidades com maiores dificuldades da criança, utilizando instrumentos de avaliação padronizados e validados para mensurar tais habilidades, os quais nortearão os encaminhamentos e as intervenções necessárias. A escolha desses instrumentos e as respectivas áreas de investigações foram motivadas pela queixa realizada pela professora regente e pelas dificuldades relativas ao comportamento em sala de aula, à aquisição da leitura e da escrita, e à consolidação do processo de alfabetização.

A seguir, será dado destaque às áreas com maiores rebaixamentos, conforme evidenciado nas tabelas 2 a 12. Portanto, objetivando compreender as referidas habilidades, inseridas em cada uma dessas áreas avaliadas, segue o detalhamento destas, finalizado com um gráfico, o qual expressa um panorama das dificuldades da referida criança.

A lateralização, descrita por Fonseca V. (2012, p. 151) como o "resultado da integração bilateral e postural do corpo (...)", "(...) é indispensável ao controle postural (universo intracorporal-proprioceptivo) e ao controle perceptivo-visual (universo extracorporal-exteroceptivo)", com vistas a amadurecer a discriminação da lateralidade. "Sem esses dois lados, a lateralização como sistema funcional complexo não se diferencia e, consequentemente, produz efeitos na Psicomotricidade e na aprendizagem" (Fonseca V., 2012, p. 154).

A organização espacial, nas palavras de Rosa Neto (2015, p. 65), "é a percepção que temos do espaço interior (propriocepção espacial), noção de direita e esquerda, espaço exterior (exterocepção espacial), noção do espaço que nos rodeia (objetos, pessoas) (...)", cujos elementos básicos consistem em: "noção de direita e esquerda; noção de distância; noção de forma, tamanho e espessura; noção de posição, relação, adequação e direção" (Rosa Neto, 2015, p. 65).

A linguagem oral abarca a discriminação fonológica, que, de acordo com Hipólito *et al.* (2012, p. 24), é a "habilidade de discriminar entre diferentes fonemas, que se referem à menor unidade de som relevante para diferenciar uma palavra de outra (...)", e a consciência fonológica, que reúne habilidades de consciência de rimas, aliteração e sílabas (Trevisan *et al.*, 2012c, p. 20).

A leitura, de acordo com Gough e Tunmer (1986), citados por Dias e Oliveira (2013, p. 12), é uma habilidade resultante "da interação entre dois componentes, a decodificação e a compreensão linguística", sendo "(...) a decodificação uma habilidade específica aos processos de leitura, enquanto a compreensão se refere a uma habilidade global, inespecífica à leitura".

A compreensão auditiva avalia a habilidade de compreender a linguagem oral, a qual é definida "como um sistema finito de princípios e regras que possibilita a um falante codificar significado em sons e que um ouvinte decodifique sons em significados (...)", segundo afirma Gerber (1996), citada por Trevisan *et al.* (2012c, p. 14).

As habilidades de escrita estão plenamente relacionadas com as habilidades de leitura, com a ressalva de que há "componentes específicos à escrita, tal como a grafia e os aspectos psicomotores" (Martoni *et al.*, 2013 p. 54), bem como, prossegue o autor, aspectos logográficos, alfabéticos e ortográficos.

A Prova de Aritmética avalia

> distintos aspectos da competência aritmética, incluindo escrita por extenso de números apresentados algebricamente, escrita da forma algébrica de números pronunciados pelo aplicador, escrita

de sequência numérica crescente e decrescente, comparação de grandezas numéricas, cálculo de operações apresentadas por escrito e oralmente, e resolução de problemas matemáticos (Dias; Seabra, 2013b, p. 85).

Complementam as autoras que as competências aritméticas envolvem diversas habilidades como "processamento visuoespacial, memória visual, raciocínio não verbal e mesmo linguagem, incluindo o processamento fonológico" (Dias; Seabra, 2013a, p. 79).

A atenção alternada, segundo Strauss *et al.* (2016), citados por Menezes *et al.* (2012, p. 34), demanda "habilidades [que] permitem o indivíduo perceber e responder [...] a um objetivo complexo proposto, antecipar objetivos e consequências futuras, e mudar planos de ação de modo flexível".

Gráfico 1 – Habilidades avaliadas aquém do esperado para a idade

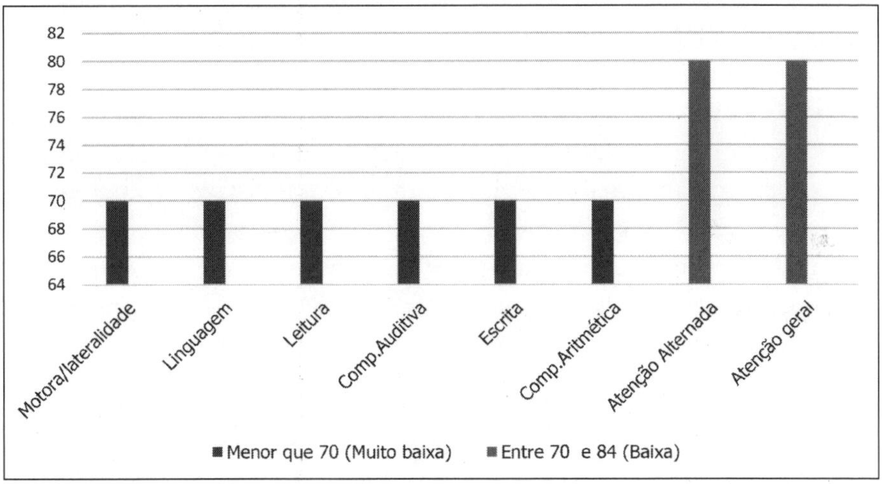

Fonte: Elaborado pela autora.

3. Considerações e possíveis aplicações após a avaliação

De acordo com a anamnese, os relatos remetem a alguma complicação gestacional, uma vez que, no último exame pré-natal, se constatou descompasso cardíaco, mobilizando a decisão do parto antecipado. Conforme exposto na carteira de saúde, a criança nasceu com 40 semanas, 7 pontos no APGAR de 1 minuto e 8 pontos no APGAR de 5 minutos, com mais ou menos 3kg e 52 centímetros. Foi diagnosticado com icterícia, necessitando, para tanto, receber tratamento fototerápico após o nascimento. Já na maternidade, constatou-se a incompatibilidade sanguínea com a mãe. Em conformidade com o relato desta, não houve atrasos no desenvolvimento psicomotor e na linguagem.

R.B.M. foi encaminhado para a equipe de apoio à aprendizagem por dificuldade na alfabetização. A criança queixou-se de problemas visuais e, em decorrência desse quadro, foi encaminhado para um oftalmologista. O diagnóstico foi de hipermetropia (0,25 graus). No entanto, as queixas da criança ainda persistem. Observou-se também que a criança costuma claudicar de uma perna, por sentir dores proximamente ao tornozelo devido a uma lesão. Segundo o menino, sua mãe vai levá-lo ao médico.

R.B.M. apresenta algumas dificuldades bastante significativas na área da aquisição da leitura e da escrita. Em análise aos instrumentos aplicados, há áreas consideradas preditoras para a alfabetização com rebaixamento. Tais áreas serão discriminadas, a seguir, relacionando-as às habilidades as quais são pressupostas para as dificuldades nesse processo.

A lateralização, conforme Rotta e Pedroso (2016, p. 142), engloba "a noção de esquema corporal, no caso a noção de direita e esquerda, que, quando comprometida, pode levar ao uso de inversões de letras e sílabas".

A discriminação fonológica, como uma habilidade de linguagem, pressupõe que, "para adquirir leitura e escrita, a criança necessita da consciência explícita da estrutura dos sons das palavras", que consiste na "habilidade de discriminar entre diferentes fonemas, que se referem à menor unidade de som relevante para diferenciar uma palavra de outra" (Hipólito *et al.*, 2012, p. 24).

A consciência fonológica, por sua vez, gera repercussões consideráveis para a leitura e para a escrita. Nas palavras de Morais (1997, p. 50), "(...) ler e escrever exige que o alfabetizando compreenda o sistema da escrita alfabético". O autor prossegue afirmando que,

> ao mesmo tempo que a criança deve compreender que a cada som corresponde uma letra, deve também perceber que os fonemas (na fala) e os grafemas (na escrita) obedecem a uma certa sequência e que qualquer alteração nessas sequências produzirá uma palavra diferente (Morais, 1997, p. 50).

A percepção auditiva, de igual modo, produz consideráveis repercussões para a leitura e para a escrita. Prestes (2016, p. 13) esclarece que

> a escrita grafofônica consiste na codificação e decodificação de estímulos gráficos que representam sons (os fonemas). Para aprender a ler, é indispensável a capacidade de associar um componente auditivo fonêmico com um componente visual gráfico. Uma dificuldade para lidar com o componente auditivo fonêmico pode dever-se a uma estimulação sonora incipiente, que em casos de uma alteração perceptual auditiva não está relacionada com a escassez de estímulos relevantes presentes no meio, mas sim com a dificuldade ou inabilidade para processar os estímulos disponíveis.

O processo da escrita lança mão "da coordenação motora fina, pode(ndo) compreender aspectos como proporção de tamanhos da letra, uniformidade de espaço entre elas, uniformidade de inclinação, bem como fluência" (Dias; Oliveira, 2013, p. 15), ao passo que "a codificação gráfica ou ortografia se refere à codificação de fonemas em grafemas, a partir do uso competente das regras fonológicas e ortográficas" (Dias; Oliveira, 2013, p. 15).

A compreensão aritmética se dá por meio de várias habilidades cognitivas envolvidas, como linguagem, sistema visuoespacial, incluindo o processamento fonológico e correlacionando habilidades executivas, como memória de trabalho, controle inibitório e atenção (Dias; Seabra, 2013a, p. 79), as quais R.B.M. apresenta também rebaixamento.

Portanto, com base nas áreas a que R.B.M. não corresponde, na sua idade e no seu ano escolar, sugere-se uma maior investigação quanto ao possível diagnóstico de dislexia, uma vez que todas essas áreas estão intrinsecamente elencadas como áreas de prejuízos desse transtorno e, conforme descrito em APA (2014), a dislexia está caracterizada como comprometimento das habilidades de reconhecimento das palavras e da compreensão da leitura, conforme queixa realizada pela professora e constatações aferidas pelos instrumentos. Logo, a criança deverá ser encaminhada para uma investigação desse possível diagnóstico e para um acompanhamento com fonoaudiólogo.

Ademais, os relatos do diagnóstico de icterícia e de incompatibilidade sanguínea sinalizam fatores de risco para uma doença denominada Doença Hemolítica ou Eristroblastose Fetal.

> A Doença Hemolítica Perinatal (DHPN) é um tipo de anemia hemolítica causada por incompatibilidade sanguínea materno-fetal, resultado da agressão provocada pelos anticorpos maternos

> contra antígenos das hemácias do concepto. O feto representa organismo estranho ao sistema imunológico materno, e apesar disso não é rejeitado" (MOLLISON, 2005, citado por SEIDL, 2013, p. 8).

Complementa Cardoso (s/d) que

> essa doença pode causar a morte do bebê durante a gravidez ou após o parto. Em casos extremos em que não há morte da criança, poderão ocorrer lesões no sistema nervoso, acarretando paralisia, deficiência mental, surdez *etc.* O filho provavelmente nascerá ictérico, ou seja, com a pele amarelada, devido à bilirrubina excessiva na corrente sanguínea.

Com isso, sugere-se também uma avaliação psicológica e neurológica para descartar a possibilidade de uma deficiência intelectual, devido ao caso em estudo apresentar fatores de risco oriundos da doença hemolítica.

A deficiência intelectual "é um transtorno com início no período de desenvolvimento que inclui déficits funcionais tanto intelectuais quanto adaptativos nos domínios conceitual, social e prático (APA, 2014, p. 33). "O diagnóstico de deficiência intelectual baseia-se tanto em avaliação clínica quanto em testes padronizados das funções adaptativa e intelectual" (APA, 2014, p. 37).

Portanto, enquanto se conclui a avaliação fonoaudiológica da primeira hipótese de dislexia, a criança deverá ter atendimento com orientações específicas em sala de aula, conforme indicado na lei 9.394 - Lei de Diretrizes e Bases da Educação (BRASIL, 1996). Devem ser ofertados à criança estímulos específicos nas habilidades rebaixadas, assim como compensação e apoio em atividades avaliativas: possibilidade de consultar tabelas, ledor, ambiente livre de distratores para as avaliações e currículo adaptado para as suas necessidades especiais.

Conforme está descrito nas Políticas Nacional de Educação Especial na Perspectiva da Educação Inclusiva (BRASIL, 2008, p.15-16),

> na perspectiva da educação inclusiva, a educação especial passa a integrar a proposta pedagógica da escola regular, promovendo o atendimento aos estudantes com deficiência, transtornos globais, como os transtornos funcionais específicos. A educação especial atua de forma articulada com o ensino comum, orientando para o atendimento desses estudantes.

O presente estudo não é conclusivo, uma vez que abriu possibilidades para encaminhamentos e novas investigações. Todavia, é possível afirmar que a avaliação partindo de instrumentos normatizados e padronizados descortina e aprofunda a superfície de uma queixa. A criança em estudo não tem apenas um déficit de aquisição da leitura e da escrita, mas apresenta atraso considerável nas habilidades de base para o seu desenvolvimento. Conhecer essas habilidades oportuniza uma inclusão mais precisa, atendendo às habilidades rebaixadas, com possibilidades de monitorar os avanços da criança ao longo do processo escolar.

5

A contribuição da neurociência na avaliação da dificuldade de leitura e de escrita

Glecy Morais de Oliveira

Para Consenza e Guerra (2011), as neurociências estudam os neurônios e suas moléculas constituintes, os órgãos do sistema nervoso e suas funções específicas, bem como as funções cognitivas e o comportamento que são decorrentes das atividades dessas estruturas. Os avanços das neurociências possibilitam uma abordagem mais científica em relação ao processo de ensino e de aprendizagem, pautada na compreensão dos processos cognitivos envolvidos. As dificuldades de aprendizagem resultam de muitos aspectos que interferem na aquisição de novos esquemas neurais, comprometendo, dessa forma, a reorganização do cérebro para a produção de novos comportamentos.

A aquisição de habilidades de leitura, de escrita e de raciocínio lógico-matemático pode ser prejudicada por alterações genéticas em circuitos neurais específicos, causando uma dificuldade de aprendizagem caracterizada por desempenho abaixo do esperado para a idade (CONSENZA; GUERRA, 2011).

Para avaliar essas dificuldades de leitura e de escrita, foram utilizados, neste estudo de caso, diversos instrumentos neuropsicológicos. Para Seabra *et al.* (2012b), a avaliação neuropsicológica surgiu como meio de mensurar disfunções cerebrais e consequências comportamentais de lesões. Nesse prisma, a avaliação neuropsicológica fornece informações quantitativas e descrição do desempenho da pessoa avaliada, chegando a uma interpretação dos processos implícitos a esse desempenho.

Contudo, é preciso que tais instrumentos apresentem adequados parâmetros psicométricos relativos à normatização, à padronização, às evidências de validade e aos índices de fidedignidade, como pode ser constatado em Seabra e Dias (2012a), Seabra e Dias (2012b), e Seabra *et al.* (2013a). Na avaliação neuropsicológica, conjuntamente com o registro quantitativo de respostas, são feitos apontamentos qualitativos referentes à responsividade do indivíduo avaliado, às respostas emocionais deste e às características da execução de tarefas, bem como ao reconhecimento dos próprios erros do sujeito em avaliação (Carvalho, 2012).

1. Perfil do caso Y

Y., 10 anos e 11 meses, sexo masculino, é estudante do 4° ano em uma escola pública do Distrito Federal. Na escola, pratica esportes no turno contrário à aula, três vezes por semana, em razão de participar do Projeto Integral. O estudante reside com sua mãe (28 anos), seu padrasto (28 anos), sua irmã (12 anos) e seu irmão (7 anos). A família possui nível socioeconômico baixo.

Durante a anamnese, a mãe relatou que a criança teve um atraso de linguagem oral, por ter começado a falar somente com 2 anos de idade. As queixas principais relatadas pela mãe e pela escola foram as dificuldades apresentadas na leitura e na escrita.

Tabela 1 – Resultados das habilidades avaliadas

Habilidades	Resultados obtidos (Escore bruto)	Resultados esperados para idade	Classificação
TESTE PARA 05 A 14 ANOS			
Flexibilidade Cognitiva - Geral	-12	-17 a -8	Média
Subteste - Parte A	24	24	Média
Subteste - Parte B	12	7 a 16	Média

Habilidades	Resultados obtidos (Escore bruto)	Resultados esperados para idade	Classificação
TESTE PARA 05 A 14 ANOS			
Atenção - Geral	94	68 a 90	Alta
Atenção Seletiva	49	35 a 50	Média
Atenção Sustentada	1	2 a 5	Baixa
Atenção Alternada	44	29 a 36	Muito alta
TESTE PARA 03 A 14 ANOS			
Linguagem expressiva e Memória de longo prazo	37	43 a 53	Muito baixa
TESTE PARA 03 A 14 ANOS			
Memória Fonológica de Curto Prazo - Geral	4	5 a 9	Baixa
Subteste para Palavras	3	3 a 5	Média
Subteste para Pseudopalavras	1	2 a 3	Baixa
TESTE PARA 03 A 14 ANOS			
Consciência fonológica por Escolha de figuras	42	42 a 44	Média
Consciência fonológica por produção oral - Geral	29	28 a 37	Média
Subteste de Síntese silábica por produção oral	4	4	Média
Subteste de Síntese fonêmica por produção oral	3	3 a 4	Média
Subteste de Rima por produção oral	3	4	Baixa
Subteste de Aliteração por produção oral	4	4	Média
Subteste de Segmentação silábica por produção oral	4	4	Média
Subteste de Segmentação fonêmica por produção oral	2	1 a 4	Média

Habilidades	Resultados obtidos (Escore bruto)	Resultados esperados para idade	Classificação
Subteste de Manipulação silábica por produção oral	2	3 a 4	Muito baixa
Subteste de Manipulação fonêmica por produção oral	4	3 a 4	Média
Subteste de Transposição silábica por produção oral	2	3 a 4	Muito baixa
Subteste de Transposição fonêmica por produção oral	1	1 a 3	Média
TESTE PARA 03 A 14 ANOS			
Leitura	31	36 a 39	Muito baixa
Compreensão auditiva	38	38 a 39	Média
TESTE PARA 06 A 11 ANOS			
Prova de Escrita Sob Ditado - Geral	2,66	0,4 a 0,15	Muito baixa
Subteste de palavras	2,66	0,35 a 0,1	Muito baixa
Subteste de Pseudopalavras	2,66	0,7 a 0,3	Muito baixa
TESTE PARA 06 A 11 ANOS			
Competência Aritmética - Geral	45	45 a 56	Média
Subteste de Cálculo	27	26 a 34	Média
Subteste de Processamento numérico	9	13 a 14	Muito baixa

Fonte: Elaborada pela autora.

Gráfico 1 – Habilidades avaliadas aquém do esperado para a idade

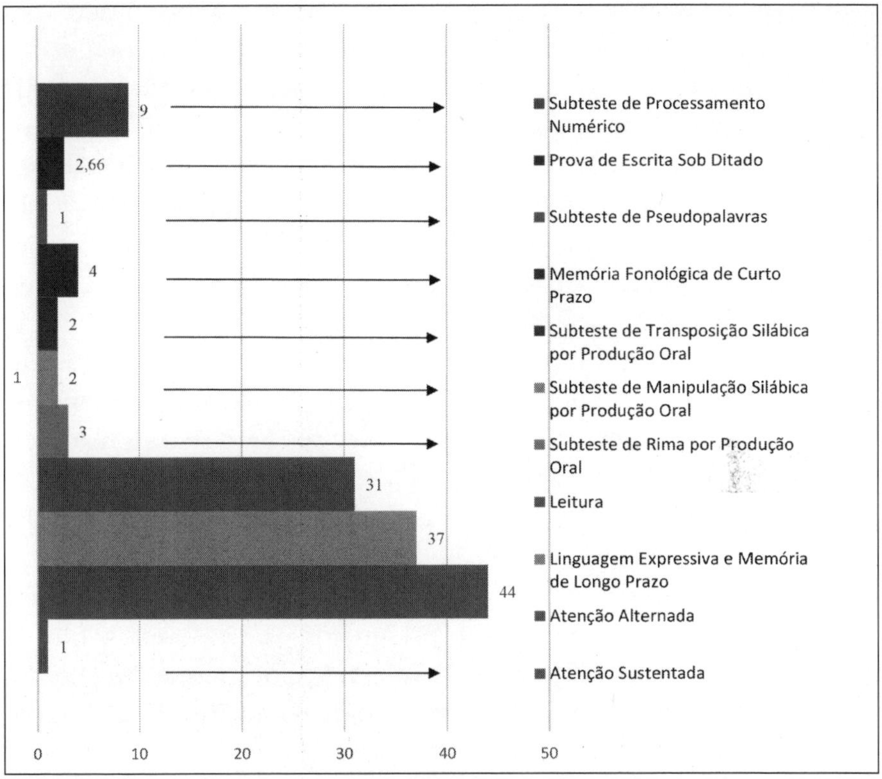

Fonte: Elaborado pela autora.

De acordo com o gráfico 1, a criança Y. teve rebaixamento na atenção sustentada e na atenção alternada, assim como na memória de longo prazo e de curto prazo, demonstrando baixas habilidades nas funções executivas, tais como inibição da atenção a distratores (interligada à atenção) e prejuízos à memória de curto prazo fonológica.

Para Baddeley *et al.* (2011), a memória de curta duração relaciona-se à retenção simples de pequenas quantidades de informações no desempenho de determinada tarefa, que pode ser testada imediatamente após um curto intervalo de tempo. Os sistemas de memória responsáveis pela memória de curta duração formam parte do sistema da memória de trabalho, que não só armazena a informação de forma temporária, mas também a manipula, permitindo que as pessoas executem atividades complexas, como o aprendizado, a compreensão e o raciocínio.

Segundo Seabra *et al.* (2014), as funções executivas estão entre os aspectos mais complexos da cognição, referindo-se a um conjunto cognitivo e metacognitivo que permite ao indivíduo controlar e regular o comportamento, assim como processar informações, de forma a permitir comportamentos adaptativos e auto-organizados, e a direcionar metas. Para o ato de aprender, afirma Ohlweiler (2016a), a atenção, a memória e as funções executivas assumem papel da mais alta importância. De acordo com Fonseca (2009), citado por Seabra *et al.* (2014), alterações nas funções executivas estão relacionadas à disfunção de elementos atencionais e de memória operacional; aos atrasos ou aos desvios na linguagem receptiva, integrativa e expressiva; e às dificuldades concernentes à seleção, ao armazenamento, à manipulação e à recordação de informações, à manutenção de controle inibitório, às habilidades de consciência fonológica, à elaboração sintático-semântica, e à leitura e à escrita.

Segundo Lima *et al.* (2009), citados por Medina *et al.* (2017), há um importante papel do controle inibitório na leitura, pois o indivíduo precisa excluir os estímulos distratores do ambiente para realizar um movimento de olhos sequenciado da esquerda para a direita, a fim de processar letras, palavras e frases, de modo a, concomitantemente, se concentrar no conteúdo lido e inibir outros pensamentos. Esse controle estendido dos componentes executivos e cognitivos permite tanto a decodificação quanto a compreensão do texto.

Cabe ressaltar que, ao avaliar as habilidades de leitura e de compreensão auditiva, a criança Y. obteve, respectivamente, desempenho muito baixo (subteste de compreensão de sentenças escritas) e médio (subteste de compreensão de sentenças faladas), em comparação à sua faixa etária. Em sintonia com esse resultado, Dias e Oliveira (2013) avaliam ser possível uma criança apresentar dificuldade localizada no domínio da leitura, preservando, todavia, a habilidade de compreensão auditiva.

A leitura é uma forma complexa de aprendizagem simbólica, na qual mudanças simples em uma palavra podem alterar completamente sua pronúncia e seu significado. É um processo que envolve linguagem escrita, atenção, habilidade motora, vários tipos de memória, organização de texto e imagem mental (Ohlweiler, 2016a).

Para Consenza e Guerra (2011), aprender a ler constitui tarefa complexa que exige várias habilidades, entre elas, o conhecimento dos símbolos da escrita e a sua correspondência com os sons da linguagem.

No que concerne aos instrumentos que avaliaram a linguagem oral, a criança Y. obteve, de modo geral, um desempenho aquém do esperado para a sua idade. Ressalta-se, assim, que Y. alcançou classificação muito baixa no teste infantil de nomeação, no teste de palavras e pseudopalavras, e nos subtestes de transposição silábica e de manipulação silábica (da prova de consciência fonológica por produção oral); ao passo que obteve uma classificação baixa na prova de consciência fonológica por produção oral (resultado geral) e no subteste de rima (que, igualmente, integra a prova de consciência fonológica por produção oral).

Considerando que, assim como ressaltam Trevisan *et al.* (2012c), a linguagem oral é imprescindível para a aquisição da leitura e da escrita, e, por conseguinte, alterações na linguagem oral podem acarretar problemas em ambas as habilidades, entende-se que a dificuldade de processamento de linguagem gera problemas de leitura e escrita, tendo um impacto sobre a maneira de pensar dos alunos. Grande parte da nossa capacidade para recordar e organizar informações depende da nossa habilidade para atribuir nomes e descrever coisas (Smith; Strick, 2012).

Conforme apontam Trevisan *et al.* (2012c), algumas habilidades de linguagem oral, como consciência sintática, consciência fonológica, vocabulário, memória fonológica e nomeação, são preditores essenciais para a leitura e para a escrita, assim como são importantes indicadores de distúrbios de linguagem.

Entre as habilidades de linguagem oral relacionadas a problemas da ordem da aquisição de escrita, ressaltam-se as alterações na consciência fonológica, devido a evidências de sua relação com posteriores dificuldades de leitura e de escrita, assim como a sua importância no desenvolvimento da escrita (Trevisan *et al.*, 2012c).

> Escrever já não é mais considerado um exercício de memorização visual. A escrita é uma representação secundária da linguagem oral, para a qual o conhecimento da estrutura de sons da fala é importante componente [...] tanto a consciência fonológica quanto a linguagem escrita podem ser subdivididas em habilidades. Aspectos mais simples da consciência fonológica, tal como consciência de rimas, aliterações e sílabas, influenciam habilidades simples de leitura, como decodificação de itens isolados, que, por sua vez, influenciam habilidades mais complexas de consciência fonológica, como consciência de fonemas [...] (Trevisan *et al.*, 2012c, p. 20).

Outro importante aspecto da linguagem oral é a habilidade de nomeação de figuras, que consiste em resgatar uma informação da memória de longo prazo diante de um estímulo visual. Quando a criança apresenta dificuldades nesse teste, tal resultado pode estar associado a problemas de alfabetização ou a um transtorno de aprendizagem, como a dislexia (Trevisan *et al.*, 2012c).

Para Trevisan *et al.* (2012c), a memória fonológica de curto prazo também está associada à linguagem oral, por avaliar a capacidade de reter e recuperar informações fonológicas por curtos períodos de tempo. A memória está ligada à aprendizagem, e indivíduos com dificuldade no processo de memória demonstram, assim, dificuldades em aprender. Os estudos de Torgesen (1991), Swanson & Trahan (1992), Short (1993), Mauer (1996), Isaki (1997), citados por Souza e Sisto (2001, p. 40), "assinalaram que indivíduos com dificuldades de aprendizagem têm dificuldade em lembrar, colocar em ordem, e processar informações e estratégias de aprendizagem".

Nas palavras de Baddeley *et al.* (2011), a memória de trabalho, essencial na aquisição das habilidades de leitura, de escrita e de matemática, tem a função de solucionar alguns problemas relativos à compreensão da linguagem, à aprendizagem e ao raciocínio, diferenciando-se da memória de curto prazo, por utilizar as informações recebidas e monitorar a entrada de informações no sistema. A memória de longo prazo, de acordo com Baddeley (1986), citado por Souza e Sisto (2001, p. 40-41), é responsável por "monitorar os estímulos nos registros sensoriais e providenciar espaço para as informações que provêm da memória de curto prazo, necessárias para aprendizagem".

Conforme aponta Garcia (1995), citado por Souza e Sisto (2001, p. 41), devem ser considerados significativos para a construção da escrita os seguintes componentes:

> a) o sistema semântico ou memória de longo prazo dos significados das palavras, sejam faladas ou escritas, pois, partindo dos significados, serão ativados a memória das formas fonológicas das palavras ou léxico-fonológicos e o depósito de pronúncia, que estão na memória de curto prazo; b) o mecanismo de conversão de fonema e de grafema, que permitem a tradução, aplicando as regras fonológicas de uma língua concreta, de qualquer palavra, seja familiar ou não, ou pseudopalavra.

No que diz respeito à ortografia, Garcia (1995), citado por Souza e Sisto (2001, p. 41), prossegue afirmando que

> os grafemas não estão traduzidos em movimentos, por isso é necessário que ocorra a seleção dos alógrafos, na memória de longo prazo, e que devem ser levados à memória de curto prazo ou operativa, para que se processe sequência, direção, tamanho e proporção das letras e traços a serem traduzidas em movimentos motores, perceptivos.

Por isso, Ajuriaguerra (1984,1988) e Furtado (1998), citados por Souza e Sisto (2001, p. 41), ressaltam que as atividades de escrita não se resumem a habilidades percepto-motoras, mas envolvem um trabalho complexo, "que exige memorização, conservação, consolidação, retenção e evocação da informação interiormente recebida".

Portanto, no processo de leitura e escrita estão envolvidas e interligadas diversas habilidades relacionadas, sobretudo, com as funções executivas, com a linguagem oral e com vários sistemas de memória. Um déficit em alguma dessas esferas pode acarretar uma aprendizagem reduzida ou colaborar para a existência de algum transtorno de aprendizagem na leitura e na escrita.

2. Possíveis aplicações após a avaliação

A neurociência contribui para a avaliação de dificuldades em escrita e em leitura, através de instrumentos neuropsicológicos, com vistas a identificar os processos comprometidos ou pouco desenvolvidos, no sentido de subsidiar a realização de alternativas para seu desenvolvimento ou reabilitação (Seabra *et al.*, 2012b).

A criança avaliada tem baixo desempenho em várias habilidades, como atenção, funções executivas, memórias de longo e de curto prazo, e linguagem oral. Evidenciou-se, neste trabalho, que o prejuízo em tais áreas trouxe repercussões para a aquisição da leitura e da escrita, sendo necessária, dessa forma, a avaliação de uma equipe multidisciplinar.

A criança Y. precisa de intervenção específica para estímulo de habilidades para memória. Para Riesgo (2016), memória e aprendizagem estão intimamente ligadas, sendo esta a primeira fase do processo mnemônico. De igual modo, a memória está ligada à atenção, na medida em que colabora para a coleta, a análise e a classificação de informações novas. Tal relação conduz à conclusão de que indivíduos com dificuldade de atenção não têm boa aquisição de informações novas, não têm formação de memórias e, portanto, podem não ter sucesso na aprendizagem.

Como encaminhamentos, sugere-se o acompanhamento escolar de Y., a ser realizado na própria escola em que a criança estuda, pela Equipe Especializada de Apoio à Aprendizagem.

A partir da constatação da dificuldade de leitura e de escrita, a estudante foi alocada na turma do PAAE (Programa para Avanço das Aprendizagens Escolares), que é uma turma reduzida com 20 alunos, destinada a aprendizes com dificuldades na alfabetização e/ou com distorção idade/série.

6

A contribuição da neurociência na avaliação das dificuldades de VHSC em leitura e em escrita

Edna Maria de Paula Moraes

A proposta deste trabalho consistiu em estudar o caso de uma criança, VHSC, 7 anos, regularmente matriculada no 1º ano do Ensino Fundamental em uma escola particular do Distrito Federal. A queixa da escola está relacionada aos problemas que o estudante vem apresentando nos campos da leitura e da escrita.

Na escola, a professora relata que a criança apresenta dificuldade em realizar as atividades propostas, demonstrando resistência e ansiedade por não conseguir, ainda, êxito em tarefas voltadas para a leitura e para a escrita. O estudante identifica sons, letras e sílabas simples, mas não consegue reter tais informações, necessitando, constantemente, da mediação da professora para finalizar as atividades.

A professora percebe, ainda, dificuldades de concentração e de estabelecimento de foco em determinados assuntos por muito tempo, sendo comum que VHSC se distraia, o que dificulta, por conseguinte, o aprendizado. Podemos afirmar que dificuldades de aprendizagens são, segundo Rotta (2016a, p. 97), "um termo genérico que abrange um grupo heterogêneo de problemas capazes de alterar as possibilidades de a criança aprender, independentemente de suas condições neurológicas".

É neste contexto que identifico a importância da avaliação psicopedagógica apoiada na neurociência para investigação e compreensão do crescimento cognitivo, emocional e motor da criança, tendo como objetivo resgatar o desejo desta por aprender.

Segundo Mäder-Joaquim (2010), citado por Seabra *et al.* (2012b, p. 16), "a neuropsicologia é uma ciência interdisciplinar que integra o escopo mais amplo das chamadas neurociências". De acordo com Seabra *et al.* (2012b), a neuropsicologia surgiu no século XIX, com forte influência de estudos que associavam alterações comportamentais às lesões neurológicas. Atualmente, ela contribui para fundamentar a avaliação psicopedagógica, com ênfase no desenvolvimento da aprendizagem.

1. O perfil do caso VHSC

VHSC é um menino de 7 anos, regularmente matriculado em uma escola particular na cidade satélite de Samambaia (Distrito Federal), no 1º ano do Ensino Fundamental, no turno matutino. Seus pais são casados há mais de 10 anos. O pai é FMCR, 37 anos, curso superior incompleto e bombeiro de profissão; e a mãe, CSRC, 38 anos, também com curso superior incompleto e do lar. O casal, além de VHSC, possui uma filha: GSC, 2 anos. A família, considerada de classe média, mora no próprio bairro em que é situado o colégio.

A gestação de VHSC foi considerada de risco, por apresentar um amadurecimento da placenta antes do tempo necessário para o desenvolvimento completo do feto. Foi necessária a prescrição de medicações para que a gestação pudesse durar o maior tempo possível. Em virtude de tais condutas, VHSC nasceu de 8 meses, parto cesáreo, peso normal, mas teve sofrimento fetal por não estar na posição esperada para o nascimento. Logo, a criança permaneceu na incubadora e na UTI por um mês, porém foi possível que a mãe o amamentasse ainda no hospital. VHSC foi o 1º filho de uma família com dois filhos. O ambiente familiar não é, aparentemente, conflituoso.

O desenvolvimento neuropsicomotor de VHSC ocorreu dentro do esperado para a sua idade: andou aos dois anos, apoiando-se em objetos; transitou do peito para mamadeira sem quaisquer intercorrências, pois fazia uso concomitante de suplemento alimentar; parou de usar fraldas com, aproximadamente, um ano e oito meses; e começou a falar com um ano e dois meses. Quando iniciou a aquisição da fala, os pais percebiam que ele era muito ansioso para falar, na medida em que, por vezes, não concluía a palavra e falava muito rapidamente. Hoje os pais constatam, e acredito que seja relevante destacar, que VHSC esquece com facilidade os recados, e suas histórias dificilmente apresentam início, meio e fim. Em relação ao histórico clínico, nunca realizou qualquer cirurgia, mas apresentou alguns episódios de virose. No que diz respeito à acuidade visual, não realizou ainda exames, mas, segundo os pais, estes seriam agendados durante o recesso escolar.

Um dos acontecimentos marcantes na história de vida de VHSC foi o falecimento do avô, com quem tinha muita afinidade, levando-o a apresentar situações de insegurança, de ansiedade, de baixa autoestima e de desmotivação. O nascimento de sua irmã agravou o estado de humor de VHSC, gerando, até hoje, recorrentes episódios ciúmes.

A criança tem acesso a livros, revistas, jogos e *tablet*, e pratica atividades físicas apenas na escola. Segundo os pais, apesar de ser uma criança obediente, tem episódios de agitação, conflito e atitudes desafiadoras, especialmente quando as conversas envolvem a irmã. Algumas vezes, VHSC presenciava constantes discussões entre os pais, que viviam em constantes litígios.

A família reside em um apartamento, o que favorece a utilização do *playground* do condomínio na hora de lazer. A criança costuma brincar também com os seus brinquedos e andar de bicicleta. Na escola, não apresentou problemas de relacionamento com os professores. Embora VHSC seja uma criança sociável, a mãe reclama da impulsividade dele.

A genitora informou, ainda, que VHSC demora a compreender comandos e a perceber o enredo das narrativas, pois, ao contar determinada história, a criança solicita, com frequência, a repetição da narrativa, interpreta-a com lentidão e não consegue recontar, com precisão, a história, mesmo que esta seja curta. Além disso, a mãe destacou que a professora vem observando certa dificuldade de seu filho em realizar as atividades propostas, demonstrando resistência e ansiedade por não conseguir, até o momento da anamnese, adquirir as habilidades de leitura e de escrita, memorizar conteúdos, além de persistirem as dificuldades de concentração e de estabelecimento de foco em determinados assuntos por muito tempo. Não era incomum que o aluno se queixasse para professora de cansaço intenso, chegando a dormir em sala por diversas vezes.

A tabela 1 apresenta os resultados obtidos pelos instrumentos utilizados no momento da avaliação, a fim de reconhecermos o nível em que VHSC se encontra, em comparação com a norma esperada para a idade dele.

Tabela 1 – Resultados dos instrumentos em comparação com a norma esperada para a idade

Habilidade Avaliada	Resultado	Resultado esperado para idade	Classificação	Observações para aplicação fora da faixa etária
TESTE PARA CRIANÇAS 03 A 14 ANOS				
Vocabulário expressivo e memória de longo prazo	17	26 a 42	Baixa	
TESTE PARA CRIANÇAS 03 A 06 ANOS				
Discriminação fonológica	17	22 a 23	Muito baixa	Resultado comparado com crianças de 6 anos
TESTE PARA CRIANÇAS 03 A 14 ANOS				
Memória de curto prazo Fonológica - Geral	5	4 a 6	Média	
Subteste para Palavras	3	3 a 5	Média	
Subteste para Pseudopalavras	1	1 a 3	Média	
TESTE PARA CRIANÇAS 03 A 14 ANOS				
Subteste de Síntese silábica por produção oral	4	3 e 4	Média	
Subteste de Síntese fonêmica por produção oral	3	2 e 3	Média	
Subteste de Rima por produção oral	2	2 e 3	Média	
Subteste de Aliteração por produção oral	3	2 e 3	Média	

Habilidade Avaliada	Resultado	Resultado esperado para idade	Classificação	Observações para aplicação fora da faixa etária
Subteste de Segmentação silábica por produção oral	4	1 a 3	Média	
Subteste de Segmentação fonêmica por produção oral	0	1 e 2	Não obteve pontuação possível para classificação.	
Subteste de Manipulação silábica por produção oral	0	2 e 3	**Não obteve pontuação possível para classificação.**	
Subteste de Manipulação fonêmica por produção oral	0	1 e 2	**Não obteve pontuação possível para classificação.**	
Subteste de Transposição silábica por produção oral	0	1 a 4	**Não obteve pontuação possível para classificação.**	
Subteste de Transposição fonêmica por produção oral	1	1	Média	
TESTE PARA CRIANÇAS 06 A 11 ANOS				
Leitura	2	4 a 27	**Baixa**	
Compreensão Auditiva	0	27 a 37	**Não obteve pontuação possível para classificação.**	
TESTE PARA CRIANÇAS 06 A 11 ANOS				
Prova de Escrita Sob Ditado	0	4,5 a 0,7	**Não obteve pontuação possível para classificação**	
Subteste de palavras	3,2	4,4 a 0,6	Média	
Subteste de Pseudopalavras	4,9	4,6 a 0,75	Baixa	

Habilidade Avaliada	Resultado	Resultado esperado para idade	Classificação	Observações para aplicação fora da faixa etária
TESTE PARA CRIANÇAS 06 A 11 ANOS				
Competência Aritmética - Geral	12	6 a 21	Média	
Subteste de Cálculo	7	2 a 8	Média	
Subteste de Processamento numérico	4	4 a 11	Média	
TESTE PARA CRIANÇAS 05 A 14 ANOS				
Flexibilidade cognitiva - Geral	-6	-22 a -13	**Muito alta**	
Subteste - Parte A	4	20 a 24	**Não obteve pontuação possível para classificação**	
Subteste - Parte B	4	2 a 9	Média	
TESTE PARA CRIANÇAS 05 A 14 ANOS				
Atenção – Geral	98	29 a 59	Muito alta	
Atenção seletiva	46	18 a 44	Alta	
Atenção sustentada	3	1 a 2	Alta	
Atenção alternada	49	1 a 23	Alta	

Fonte: Elaborada pela autora.

2. Análise dos dados

A análise dos resultados apresentados na tabela 1 aponta prejuízo em algumas habilidades.

Na prova de consciência fonológica por produção oral, a criança obteve um escore médio nas habilidades síntese silábica, síntese fonêmica, rima, aliteração e segmentação silábica. Todavia, observa-se comprometimento das habilidades de segmentação fonêmica, manipulação silábica, manipulação fonêmica e transposição silábica. Esse resultado mostra que a habilidade de consciência fonológica apresenta déficit em seu desenvolvimento.

Observa-se, de igual modo, comprometimento no desempenho do vocabulário e memória de longo prazo; assim como na habilidade de memória de curto prazo fonológica. Esses dados apontam para atraso na linguagem oral que, por sua vez, corresponde a habilidades preditoras para o processo de alfabetização. Em consequência desse quadro, o desempenho na compreensão auditiva, leitura e escrita igualmente revelou comprometimento.

A criança apresentou restrições em recuperação lexical, com desempenho abaixo do esperado na tabela de nomeação de figuras (cf. Seabra *et al.*, 2012c). Apesar de apresentar a aquisição da fala adequada, VHSC apresenta omissão dos fonemas na escrita, em compensação aos problemas evidenciados na linguagem oral e na memória de longo prazo.

Em decorrência de a memória de longo prazo se construir a partir da memória de curto prazo, estamos, no caso sob análise, diante de problemas de estocagem, acarretando comprometimento de leitura e de escrita, bem como atraso no desenvolvimento de linguagem (trocas e omissões de fonemas e dificuldade no processamento de informações). O alto desempenho no teste contrastivo de compreensão auditiva e de leitura reforça a necessidade de a criança precisar de apoio externo para a realização de suas atividades. Diante da leitura feita por um adulto, a criança apresenta desempenho satisfatório ou acima do esperado, o que suscita a hipótese de dislexia.

O resultado do teste de trilhas, que avalia a flexibilidade cognitiva, não foi levado em consideração por não ser fidedigno no caso sob análise, pois tal instrumento requer conhecimento prévio de sequência, tanto de letras quanto de números, o que não é o caso da criança sob análise.

Acredito que, para termos um resultado fidedigno em uma avaliação, seja salutar avaliar que instrumentos serão utilizados na investigação, em alinhamento com os objetivos do processo avaliativo e com as hipóteses sobre os prováveis distúrbios ou dificuldades do estudante, frente as informações coletadas.

De acordo com Seabra *et al.* (2012b, p. 21),

> o processo de avaliação inicia-se com uma bateria neuropsicológica básica que aborde as principais áreas do funcionamento

cognitivo, permitindo posteriores decisões sobre a necessidade de usar instrumentos mais específicos e refinados.

No momento da avaliação, devemos considerar a necessidade de cada caso, mas, durante esse processo, é comum utilizarmos diversas técnicas, questionários e instrumentos normatizados, com o intuito de ampliar e complementar as informações oriundas da anamnese e dos instrumentos neuropsicológicos.

Seabra *et al.* (2012b, p. 22) nos alertam para a necessidade de que tais instrumentos sejam conduzidos de modo apropriado com a avaliação neuropsicológica e, especialmente, com a avaliação estandardizada normativa, sendo imprescindível, portanto, dispor de instrumentos precisos, validados e normatizados para determinada população.

Cabe ressaltarmos, ainda, a atenção dispensada ao nível de escolaridade e ao nível econômico do sujeito sob análise, a fim de compararmos o grupo a que pertence o nosso colaborador.

Quanto à hipótese diagnóstica, vale destacar que ela consiste na busca de um saber para saber-fazer. Por meio das informações obtidas nesse processo de investigação, o profissional dá início à construção do seu plano de trabalho. A hipótese não completa o olhar interpretativo nem diagnóstico, haja vista que todo o processo terapêutico também funciona como diagnose.

Por esse ângulo, o objetivo da avaliação não é apenas diagnosticar, mas sim dar condições à criança para se reintegrar à vida escolar, respeitando as suas possibilidades e os seus interesses, e tornando-a mais capaz de enfrentar as atuais demandas escolares.

Dando sequência aos dados apresentados na tabela 1, seguimos com as tabelas 2, 3 e 4, que trazem, respectivamente, informações relativas aos resultados da avaliação motora; aos resultados de pontos; e ao perfil motor.

Tabela 2 – Resultados da Avaliação Motora

Teste/ Idade		2	3	4	5	6	7	8	9	10	11
1	Motricidade fina:						1				
2	Motricidade global:						1				
3	Equilíbrio:						1				
4	Esquema corporal/ rapidez:					1	0				

Teste/ Idade		2	3	4	5	6	7	8	9	10	11
5	Organização espacial:						1				
6	Linguagem/Organização temporal:					1	0				

Fonte: Elaborada pela autora.

Tabela 3 – Resultados dos Pontos

Idade motora geral (IMG):			80	Idade positiva (+):			
Idade cronológica (IC):			85	Idade negativa (-):			-5
Quociente motor geral (QMG):			94	Escala de desenvolvimento			
Idade motora (IM)							
IM1	84	IM4	72	QM1	98	QM4	84
IM2	84	IM5	84	QM2	98	QM5	98
IM3	84	IM6	72	QM3	98	QM6	84
Lateralidade:	direita			Mãos:	direita		
Olhos:	direito			Pés:	direito		

Fonte: Elaborada pela autora.

Tabela 4 – Perfil Motor

11 anos						
10 anos						
9 anos						
8 anos						
7 anos						
6 anos						
5 anos						
4 anos						
3 anos						
2 anos						
Idade	Motricidade Fina	Motricidade Global	Equilíbrio	Esquema Corporal	Organização Espacial	Organização Temporal

Fonte: Elaborada pela autora.

O gráfico 1, a ser exposto a seguir, faz a comparação de dados relevantes sobre a consciência fonológica, a leitura e a prova de escrita sob ditado. A tabela 5, na sequência, compara os dados evidenciados no gráfico 1.

Gráfico 1 – Habilidades avaliadas aquém do esperado para a idade

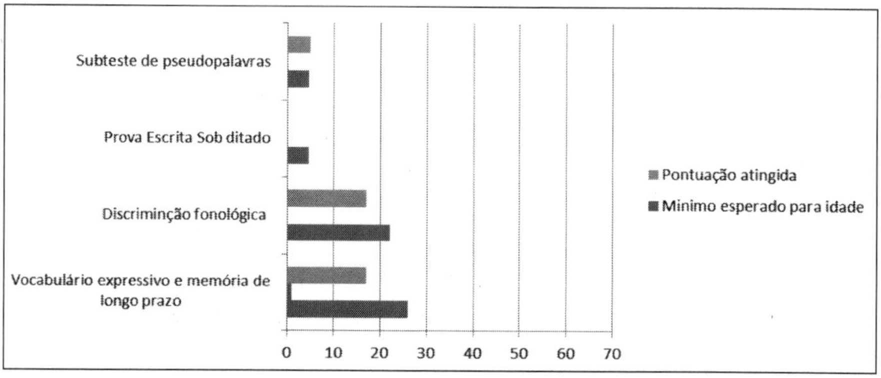

Fonte: Elaborado pela autora.

Tabela 5 – Dados comparativos

	Mínimo esperado para idade	Pontuação atingida
Vocabulário expressivo e memória de longo prazo	26	17
Discriminação fonológica	22	17
Prova de Escrita Sob Ditado	4,5	0
Subteste de pseudopalavras	4,6	4,9

Fonte: Elaborada pela autora.

3. Considerações e aplicações após a avaliação

A criança sob estudo apresenta dificuldades de concentração em atividades de leitura e de escrita. Observamos que ela tem um potencial para realizar atividades, desde que haja um adulto (professora ou mãe) para auxiliá-la, em razão da dificuldade em trabalhar de acordo com as exigências das atividades propostas.

Os dados apontaram déficit na linguagem oral, caracterizado por omissão fonemas e de estocagem de conteúdos que ajudariam na execução de tais tarefas. Associada a tal defasagem faltam-lhe habilidades preditoras para alfabetização, as quais dificultam o processo de alfabetização em sua totalidade.

Observamos, nesses instrumentos, que a criança necessita de mediação para organizar e lembrar-se de fatos. Possui, nesse sentido, déficits de memória, haja vista que faz um grande esforço para lembrar-se dos comandos e sempre solicita para repetir a informação enunciada. Ademais, VHSC ainda não lê nem soletra, e possui uma escrita silábica com valor, realizando cópias lentamente, sem compreender, todavia, o que escreve.

Apesar de apresentar linguagem clara, o estudante não compreende os comandos enunciados. Seu percentual geral na prova de consciência fonológica, embora situado na média das crianças de sua idade, apresenta déficits muito pontuais em tarefas de segmentação fonêmica, manipulação silábica e fonêmica, transposição silábica, e aliteração. Por conseguinte, não possui entendimento do que está fazendo quando se trata de atividades de leitura e de escrita.

O resultado de tais instrumentos é compatível com o quadro clínico da criança, que precisa ser mediada constantemente em sala de aula para executar com sucesso suas atividades.

Diante do exposto, verificamos a necessidade de encaminhamento do estudante para a avaliação com um neuropediatra e com um fonoaudiólogo, acrescida de um acompanhamento psicopedagógico, levando-se em conta uma hipótese diagnóstica de dislexia. A mãe, em entrevista, afirmou que o filho não teria problemas oftalmológicos e já teria feito o encaminhamento médico. Por sua fala não apresentar "problemas", compreendemos que, na verdade, a hipótese de dificuldade estaria ligada ao funcionamento de áreas de linguagem no cérebro.

Segundo Rotta e Pedroso (2016, p. 134), a partir de inúmeras pesquisas e por meio de diversos instrumentos psicológicos, foram observadas alterações em funções cerebrais superiores, tais como noção de espaço, noção de tempo e dificuldades visuoespaciais para o desenvolvimento de leitura e de escrita.

A dislexia é um processo complexo para se definir, sendo, para tanto, necessário conceituar previamente o que é leitura. Diante do exposto, é evidente o fato de que a leitura é uma forma complexa de aprendizagem simbólica que envolve atenção, habilidade motora, vários tipos de memória, organização de texto e imagem mental. Ainda podemos entender que a aprendizagem varia de criança para criança, dependendo de vários aspectos, como os biológicos e os sociais.

Myklebust *et al.* (1987), citados por Rotta e Pedroso (2016, p. 135), definem dislexia como uma

> síndrome complexa de disfunções psiconeurológicas associadas, tais como perturbações em orientação, tempo, linguagem escrita, soletração, memória, percepção visual e auditiva, habilidades motoras e habilidades sensoriais relacionadas.

No caso estudado, há, em conformidade com Myklebust *et al.* (1987), citados por Rotta e Pedroso (2016), uma dislexia auditiva, na medida em que observamos dificuldades de VHSC em discriminar sons de letras e palavras compostas, em memorizar, e em estabelecer sequências de palavras, de instruções, de comandos longos e de histórias.

Nosso estudo de caso mostrou a existência de vários fatores que identificam as dificuldades da criança, como os problemas relacionados à linguagem oral e à memorização (esquecimento de comandos e solicitação para repeti-los). Associado a essas dificuldades, ratificamos que VHSC não identifica letras do alfabeto, por não se lembrar de uma grande parte delas. Portanto, ainda não lê nem soletra.

Apesar de apresentar linguagem clara, não compreende os comandos enunciados. Seu percentual de consciência fonológica, mesmo estando na média, apresenta déficits muito pontuais em tarefas de segmentação fonêmica, manipulação silábica e fonêmica, transposição silábica e aliteração. VHSC não possui entendimento do que está fazendo em atividades de leitura e de escrita. Ressalto, nesse viés, que a criança precisa ter mediação constante em sala de aula, a fim de executar com sucesso suas atividades escolares.

O estudo mostrou, igualmente, que as dificuldades escolares não podem ser explicadas apenas por um fator, mas sim pela interação de vários fatores (escola, família e a própria criança), valorizando, sobretudo, a singularidade de cada indivíduo a ser avaliado.

Este trabalho possibilitou realizar uma avaliação psicopedagógica com o apoio da neurociência, verificando a necessidade de um estudo aprofundado do caso em questão, bem como de pesquisas e leituras constantes quanto à avaliação e aos instrumentos validados a serem utilizados.

Tais ações são essenciais para um diagnóstico eficaz e, assim, possibilitam buscar a superação dos problemas investigados.

Verificamos, ainda, que, por meio da realização deste trabalho, das entrevistas, das leituras, das sessões com o VHSC e das supervisões com a orientadora desta pesquisa, o conhecimento proporciona infinitas oportunidades de crescimento. Cada momento de experiência gera um conhecimento, e a aprendizagem se faz realmente em interação com o outro e dele com o mundo.

PARTE III

A RELAÇÃO DO DESENVOLVIMENTO MOTOR E DA LINGUAGEM ORAL NO PROCESSO DE APRENDIZAGEM

7

O impacto do desenvolvimento da linguagem oral nas habilidades de alfabetização

Alessandra G. de Miranda Gabarão

É recorrente, nas práticas pedagógicas da Secretaria de Educação do Distrito Federal, o encaminhamento de crianças com queixas de dificuldades de aprendizagem ao atendimento psicopedagógico, principalmente aquelas em processo de alfabetização, que passaram pelo Bloco Inicial de Alfabetização (BIA) e estão concluindo o terceiro ano sem adquirirem as habilidades de leitura e de escrita.

De acordo com Capovilla e Capovilla (2010, p. 17), muitas crianças que fracassam em tarefas de leitura são encaminhadas pela escola para a avaliação clínica, com queixa de dificuldades metafonêmicas, e não necessariamente com problemas oriundos de substratos neuroanatomicofisiológicos.

As habilidades metafonêmicas são, segundo os autores (2010), a consciência que a criança adquire de que os sons da fala podem ser representados por grafemas, que se recombinam em diferentes ordens, conforme regras convencionais; que compõem diferentes palavras faladas, numa sequência têmporo-espacial; e que formam lacunas para marcar pausas, de modo a separar as unidades lexicais.

O desenvolvimento dessas habilidades é essencial para aquisição dos processos de leitura e de escrita, e tais habilidades, muitas vezes, são negligenciadas pelas escolas, em função do desconhecimento do docente no que tange às ações pedagógicas necessárias para que a criança perceba essa relação entre fonemas e grafemas.

Capovilla e Capovilla (2010) ainda ressaltam que as avaliações nacionais, como o SAEB, vêm mostrando o fracasso escolar no processo de alfabetização brasileiro, repetidamente, sem qualquer movimento de incorporar metodologias de ensino que promovam a consciência fonológica aos documentos oficiais, como os Parâmetros Curriculares Nacionais (PCNs). Cabe ressaltar que o método fônico de alfabetização vem mostrando eficiência no desenvolvimento das habilidades de leitura e de escrita, e sequer é considerado em tais documentos.

Esse processo de fracasso gerado pelo sistema educacional tem reforçado a relevância em se realizar uma avaliação psicopedagógica, à proporção que esta investiga se a dificuldade demonstrada pela criança é oriunda de um transtorno funcional, ou até mesmo de uma deficiência; ou de experiências escolares inadequadas, como seria o caso de metodologias de ensino que desconsiderem essa relação metafonêmica, imprescindível para o processo de alfabetização.

Na linguagem oral, o falante codifica significados de dado conceito ou de ideias, pelos sons da fala, a serem decodificados pelo ouvinte, que também dará um significado ao que foi captado pela audição (Trevisan *et al.*, 2012c, p. 14). Na concepção de Zorzi (2003), citado por Trevisan *et al.* (2012c, p. 14), o desenvolvimento da linguagem oral, como herança biológica tipicamente humana, depende de complexas interações individuais (adequada maturação cerebral associada a um preservado desenvolvimento auditivo) e ambientais (modelos de linguagem e relacionamentos interpessoais adequados).

Conforme Gerber (1996), citada por Trevisan *et al.* (2012c, p. 15), o sujeito, para adquirir habilidades de linguagem oral, precisa conhecer as regras de combinação dos sons em palavras, das palavras em frases, além de utilizar os sentidos destas, com vistas a transmitir e compreender o conteúdo de mensagens, bem como se comunicar socialmente.

A linguagem é composta, de acordo com Cervera-Mérida e Ygual-Fernández (2003), citados por Trevisan *et al.* (2012c, p. 15), por quatro sistemas integrados:

> o pragmático, que se refere ao uso comunicativo da linguagem num contexto social; o fonológico, que envolve a percepção e a

produção de sons para formar palavras; o semântico, considerando as palavras e seus significados; e o gramatical, que compreende as regras sintáticas e morfológicas para combinar palavras em frases compreensíveis.

Em decorrência de esses sistemas serem fundamentais para a comunicação, é salutar reiterar que alterações seletivas em algum deles podem interferir no processo de comunicação. Mann (1984), citado por Salgado e Capellini (2004, p. 180), destaca que crianças com problemas fonoaudiológicos apresentam dificuldades de memória de curto prazo, deflagradas, por exemplo, em testes de repetição de palavras, o que afeta negativamente não só a leitura como também outros aspectos da linguagem oral.

A evolução desses sistemas, assim como todos os aspectos do desenvolvimento humano, se dá de forma gradual. Há avaliações específicas apoiadas à neurociência para identificar possíveis dificuldades e/ou transtornos de linguagem que podem interferir no processo comunicativo, maiormente evidenciados no ingresso à escola e, em especial, no processo de alfabetização.

No que diz respeito à avaliação psicopedagógica apoiada à neurociência, ressalta-se, inicialmente, que a neurociência da aprendizagem, como nova área de conhecimento e pesquisa, reúne investigações neurocientíficas com foco nos processos de ensino e de aprendizagem.

As pesquisas em neurociência tem propiciado a elaboração de avaliações neuropsicopedagógicas. De acordo com Reppold (2012, p. x), a linguagem deu origem às pesquisas na área de avaliação neuropsicológica como um dos principais processamentos mentais da informação nos seres humanos.

Vygotsky, por seu turno, compreende a linguagem como importante ferramenta de comunicação na constituição do sujeito, que a usa para mediar a organização, o planejamento da ação e a autorregulação (Bakhtin, 1998, p. 27).

No início do processo de desenvolvimento da comunicação, a criança utiliza vários recursos, como o choro, o balbucio, as palavras, para se expressar em relação ao outro, que, por sua vez, atribui significado a essas ações. Dessa forma, a fala começa a acompanhar a ação, e a fazer parte do planejamento e da organização da ação, a fim de solucionar problemas (Bakhtin, 1998, p. 98).

Entende-se, assim, a linguagem como processo mental de suma relevância para a interação do sujeito com o meio e para sua adaptação a este. Quando as habilidades de linguagem são desenvolvidas na idade cronológica do sujeito, torna-se uma poderosa ferramenta social de manipulação cultural. Sob esse prisma, a sociedade letrada, que faz uso convencionalmente da linguagem no cotidiano, deveria, igualmente, democratizar o acesso das pessoas ao conhecimento institucionalizado desta.

De acordo com Capovilla e Capovilla (2010), o processo de alfabetização no Brasil tem se tornado cada vez mais ineficaz, como mostram as avaliações normativas. Acrescido a esse fator, prosseguem os autores (2010), os transtornos de aprendizagem da linguagem, como a dislexia, a disortografia, a dislalia, a dispraxia e a disgrafia, podem potencializar a dificuldade em se apropriar de tal processo.

Nesse sentido, a avaliação da linguagem, como um dos itens de avaliação neuropsicológica, oferece subsídios para entender como a criança se situa nos processos de aquisição da linguagem oral e de aquisição da escrita.

Dentro desse contexto, essa pesquisa se propôs a avaliar uma criança de oito anos de idade, com queixa de dificuldade de aprendizagem escolar, que não conseguiu, ao final do terceiro ano, ser alfabetizada.

1. O perfil do caso CEVC

CEVC, sexo feminino, 8 anos e 8 meses, nascida em 25/02/2009, estuda no 3º ano do Ensino Fundamental, no turno matutino, em uma escola pública do Distrito Federal. A criança foi avaliada no período de outubro a novembro de 2017.

Em relação ao seu contexto familiar, CEVC nasceu no estado do Pará. Morou com o pai (30 anos) e com a mãe (28 anos) até completar um ano e três meses. Os pais se separaram, e a criança foi morar com a avó materna, que a criou até os quatro anos. Quando a mãe conseguiu se estabilizar com um novo companheiro, CEVC voltou a residir com a genitora. Hoje a criança, em estudo, mora com a mãe, com o padrasto (32 anos) e com uma irmã (2 anos). A mãe é dona de casa, o padrasto é garçom, e o pai, que atualmente reside no Pará, trabalha em serviços gerais agrícolas.

CEVC nasceu de parto normal, a termo, sem intercorrências relevantes no nascimento. A gravidez não foi planejada. A mãe fez consultas e exames pré-natais a partir do terceiro mês de gestação. O desenvolvimento neuropsicomotor ocorreu dentro do esperado para a idade, com a observação de que a criança engatinhou pouco, devido ao uso de andador (SIC). A genitora a considera "estabanada", relatando que a menina apresenta pouca desenvoltura para andar de bicicleta, caindo com facilidade. Segundo a mãe, são comuns episódios de agitação motora.

Foi amamentada por vinte dias, passando a usar mamadeira até os quatro anos. Hoje sua alimentação é adequada, porém costuma comer depressa e, em decorrência disso, não realiza uma boa mastigação.

Apresentou atraso na fala e ainda demonstra dificuldades na pronúncia de algumas palavras. Fala bastante e fica nervosa quando não consegue pronunciar determinados fonemas.

No geral, CEVC goza de boa saúde. Foi picada por cobra, aos quatro anos de idade, e, a partir desse episódio, começou a desenvolver fobias, dermatites, dores de cabeça, que, segundo a genitora, podem ser de "fundo emocional", uma vez que não foram constatadas alterações em exames clínicos. O sono da criança, acrescenta a genitora, costuma ser agitado.

Gosta de brincar acompanhada de crianças da mesma idade. Segundo a mãe, demonstra ciúme em relação às amigas mais próximas e baixa tolerância à frustração. Apresenta dificuldade para se adaptar a ambientes novos, tornando-se, assim, resistente a mudanças bruscas de rotina, como, por exemplo, as experiências de mudança de estado e de nascimento de sua irmã.

A criança tem pouco contato com material de leitura e jogos pedagógicos, por resistência a tais atividades e por preferir jogos eletrônicos e uso de celular. Contudo, gosta de brincar de "faz de conta" com as colegas vizinhas.

Cabe frisar que CEVC não consegue se concentrar por muito tempo em suas atividades, nem no momento de assistir TV. Mesmo com esse relato, a criança não é acompanhada por médico, tampouco faz uso de qualquer medicação.

A criança iniciou a vida escolar aos quatro anos de idade em creche pública. Desde esse período, apresentou dificuldade de adaptação e, ainda hoje, resiste em ir à escola, não apresentando bom vínculo com aprendizagem sistematizada.

Nunca foi retida, em virtude da política educacional da Secretaria de Educação do Distrito Federal, que aderiu ao ciclo de alfabetização em que a criança só é retida no terceiro ano do ciclo. A referida aluna é forte candidata à reprovação no corrente ano, por não apresentar as habilidades esperadas para idade/ano escolar. Devido a essa suspeição, a escola buscou atendimento neuropsicopedagógico.

Quanto ao método de pesquisa selecionado para este estudo, trata-se de uma pesquisa quantitativa, que busca analisar o impacto da avaliação psicopedagógica com base na neurociência, com a finalidade de investigar, por meio de instrumentos avaliativos, possíveis transtornos e/ou dificuldades de aprendizagem.

O estudo foi realizado na escola de CEVC, objetivando a promoção do sucesso escolar e a inclusão da estudante em suas necessidades educacionais especiais.

Tabela 1 – Resultados encontrados no processo de avaliação

Instrumentos	Habilidades	Resultados Obtidos (escore bruto)	Resultados esperados para idade	Classificação
TAC	Atenção seletiva	39	18 a 44	Média
	Atenção sustentada	1	1 a 5	Média
	Atenção alternada	31	13 a 32	Média
	Total	71	36 a 74	Média
TT	Parte A	23	22 a 24	Média
	Parte B	9	2 a 10	Média
	B – A	-14	-21 a -13	Média
TRPP	Palavras	3	3 a 5	Média
	Pseudopalavras	1	2 a 3	Baixa
	Total	4	4 a 7	Média

Instru-mentos	Habilidades	Resultados Obtidos (escore bruto)	Resultados esperados para idade	Classificação
PCFO	Síntese silábica	4	4	Média
	Síntese fonêmica	1	2 a 3	Baixa
	Rima	3	3 a 4	Média
	Aliteração	4	3 a 4	Média
	Segmentação silábica	4	4	Média
	Segmentação fonêmica	0	1 a 4	Não obteve pontuação possível para classificação
	Manipulação silábica	3	2 a 4	Média
	Manipulação fonêmica	1	1 a 4	Média
	Transposição silábica	3	3 a 4	Média
	Transposição fonêmica	0	1 a 2	Não obteve pontuação possível para classificação
	Total	23	22 a 32	Média
PCFF	Total	33	37 a 43	Muito baixa
TCCAL	Compreensão de Sentenças Faladas	32	22 a 38	Média
PED	Palavras	1.55	1 a 0,15	Muito baixa
	Pseudopalavras	1.25	1,2 a 0,3	Baixa
	Total	1.45	1,05 a 0,25	Muito baixa
PA	Processamento numérico	3	9 a 13	Muito baixa
	Cálculo	15	8 a 22	Média
	Total	31	20 a 40	Média

Fonte: Elaborada pela autora.

Gráfico 1 – Habilidades avaliadas aquém do esperado para a idade

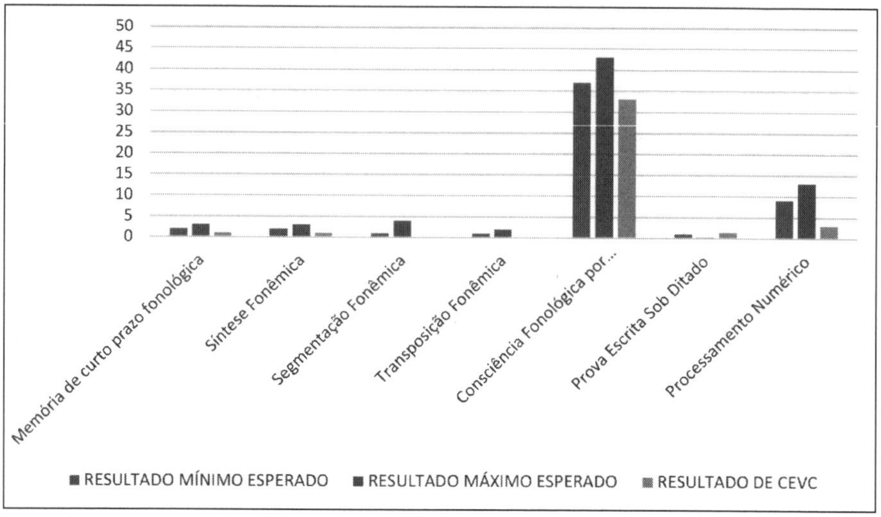

Fonte: Elaborado pela autora.

Percebe-se que a criança alcançou pontuação média na maioria dos instrumentos, de acordo com o esperado para a sua idade. Na anamnese, há predomínio de queixas referentes à atenção, porém a criança apresentou, na avaliação realizada, escores dentro do esperado para essa habilidade. Como há relatos de dificuldades adaptativas e emocionais, recomenda-se uma avaliação psicológica para transtornos emocionais, haja vista que estes podem estar causando uma possível dificuldade atencional, mesmo tendo sido descartada a hipótese de Transtorno de Déficit de Atenção e Hiperatividade (TDAH).

Sabe-se que realizar exclusivamente o teste clínico não é suficiente para o diagnóstico de TDAH. A professora da criança, em outro instrumento respondido (ficha de encaminhamento do aluno), relatou que CEVC apresenta pouco interesse pelas atividades escolares, e a família não realiza o acompanhamento devido (não comparece às reuniões e não atende a outras solicitações realizadas pela escola).

Na entrevista com a mãe, há relato de pouco vínculo com a aprendizagem sistematizada, sugerindo, por conseguinte, a necessidade de intervenção psicopedagógica, a fim de resgatar o interesse de CEVC pelas atividades escolares.

É necessário também orientar a escola quanto ao planejamento das aulas, de forma que a criança se sinta inserida nas atividades propostas, privilegiando as constantes estimulação e significação do que está sendo aprendido. Somente após essas intervenções, seria recomendada uma investigação de quadro de TDAH.

Quanto aos dados referentes à avaliação da linguagem oral, nota-se classificação baixa para repetição de pseudopalavras e para síntese fonêmica. Quanto à segmentação e à transposição fonêmica, não se obteve escore, pois CEVC não identificou as unidades fonêmicas das palavras.

Esses dados apontam atraso de linguagem oral, nas habilidades específicas de consciência fonológica. Quando utilizado o instrumento com apoio de figuras, o desempenho da criança não se alterou, ratificando o atraso dessa habilidade.

Cabe destacar que a criança demonstrou igualmente dificuldades na pronúncia de alguns fonemas e na repetição de sequência de palavras, o que pode sugerir a necessidade de uma investigação com fonoaudiólogo, com vistas a avaliar o processamento auditivo.

Ademais, recomenda-se fortemente a intervenção do fonoaudiólogo no que tange ao manejo de fonemas com os quais CEVC apresenta dificuldade, posto que, para a sua idade, já era esperada a superação dessa etapa do desenvolvimento da linguagem oral. Entende-se que essa disfunção vem, igualmente, acarretando problemas sociais e emocionais à criança.

Nas habilidades aritméticas, constata-se que a dificuldade da estudante associa-se ao processamento numérico, ao escrever, por exemplo, o nome dos números. Tal resultado correlaciona-se com o processo de alfabetização, e não necessariamente com a apropriação do conhecimento lógico-matemático.

2. Considerações e aplicações após a avaliação

Nota-se que, independentemente de diagnóstico, é necessário que o docente contemple, em seu planejamento pedagógico, as necessidades da criança, primando por um currículo atrativo, significativo e inserido no contexto dos discentes, para que estes possam se interessar pelo que está sendo ensinado.

A metodologia de alfabetização precisa estimular a criança a perceber os sons da fala, uma vez que a linguagem oral é preditora para o processo de alfabetização. Infelizmente os documentos oficiais não consideram o método fônico como metodologia capaz de propiciar o desenvolvimento das habilidades metafonêmicas, imprescindíveis para a apropriação da linguagem, o que traz repercussões para as ações pedagógicas a serem desenvolvidas. Como democratizar um conhecimento tão importante sem metodologias adequadas?

Enquanto não se pensar em uma formação acadêmica docente adequada às reais necessidades discentes, haverá cada vez mais evidências, em instrumentos normativos, de que estamos fadados ao fracasso escolar. Dessa forma, não se percebe vontade política em mudar o quadro educacional em que estamos inseridos, dado que as pesquisas científicas, principalmente as apoiadas à neurociência, já validam formas de alfabetização que privilegiam o estímulo das habilidades da linguagem oral, a fim de colaborar com o sucesso escolar dos aprendizes.

8

A avaliação psicopedagógica apoiada à neurociência na investigação da queixa escolar na educação infantil

Elizete Ferreira Medeiros

O uso de instrumentos neuropsicológicos padronizados na avaliação da queixa escolar na educação infantil tem como objetivo subsidiar o trabalho do profissional para identificar, interpretar e intervir no desempenho do indivíduo avaliado, buscando pautar-se em uma coleta de dados que, ao mesmo tempo, reúna qualidades psicométricas e estabeleça uma relação com o desempenho esperado para o nível de desenvolvimento da criança. A avaliação, nesse sentido, necessita considerar que o estudante na educação infantil encontra-se na chamada primeira infância, período sensível para o desenvolvimento de diversas habilidades, em decorrência da elevada plasticidade cerebral, que possibilita, por meio dos estímulos e das experiências vivenciadas, maior capacidade de transformação do cérebro.

Podemos observar a importância de considerarmos não só a fase maturacional como também o desenvolvimento psicossocial da criança que se encontra na primeira infância. Na teoria defendida por Robert Havighurst, podemos visualizar uma associação entre aprendizagem e êxito. O aprendizado, assim, estaria vinculado à felicidade, ao passo que a não aprendizagem estaria relacionada ao fracasso no desempenho de determinada atividade, acarretando, por conseguinte, infelicidade, desaprovação social e dificuldades diversas. Ele acreditava que viver e crescer eram aprendizados, em consonância com o que podemos igualmente encontrar na teoria dos marcos desenvolvimentistas, de Jean Piaget, na teoria Psicossocial, de Erik Erikson, e nos achados de Luria e de Vygotsky. Compreender a importância desses fatores, obviamente, interfere na forma de avaliar e de reorganizar o trabalho pedagógico, por privilegiar uma ação educativa na promoção da aprendizagem, e não na mera busca por um "culpado" a ser encontrado.

A avaliação e o acompanhamento sistemático nessa fase possibilita intervenções pontuais e mais eficazes, pois o desenvolvimento neural e a neuroplasticidade são fatores de grande relevância em uma intervenção, caso seja necessária.

Para a realização deste estudo, listamos as habilidades que se desenvolvem na primeira infância e que necessitam ser avaliadas diante do caso em questão, a saber: funções executivas, memória, atenção, linguagem oral e desenvolvimento motor.

Os protocolos padronizados utilizados para a avaliação das funções executivas, que compreendem um conjunto de habilidades que possibilitam uma reflexão atenta, ou seja, deliberada e intencionada, são fundamentais para se alcançar um objetivo, principalmente relacionado à flexibilidade cognitiva, posto que tal habilidade permite a mudança de perspectiva no momento de pensar e agir, e a necessidade de se considerarem diferentes possibilidades na tomada de uma decisão. Para a mensuração das funções executivas e, mais especificamente, da flexibilidade cognitiva, selecionamos o protocolo Trilhas Pré-Escolares (Trevisan; Seabra, 2012).

Para avaliar a Memória, "que permite o acúmulo de impressões do mundo e serve de base para a aquisição de conhecimentos, capacidades, habilidades e para o seu uso subsequente", conforme conceitua Glozman (2014, p. 152), optamos pelos protocolos para memória de longo e curto prazos, respectivamente mensurados por teste infantil de nomeação (Seabra *et al.*, 2012c) e por teste de repetição de palavras e pseudopalavras (Seabra, 2012).

Na avaliação da atenção (sustentada, seletiva e alternada), que consiste em uma visão generalista na capacidade do cérebro de selecionar o que é importante, desconsiderando-se os distratores, elegemos o protocolo teste de atenção por cancelamento (Montiel; Seabra, 2012a).

Para a avaliação de linguagem oral, que possibilita a comunicação entre usuários de uma mesma língua e a transmissão de ideias e pensamentos, os protocolos utilizados foram teste de discriminação fonológica (Seabra; Capovilla, 2012b) e teste infantil de nomeação (Seabra *et al.*, 2012c).

Por se tratar de criança da Educação Infantil, não podemos realizar qualquer avaliação sem considerar o seu desenvolvimento motor, uma vez que intercorrências de ordem pré, peri e pós natais, muitas das quais podem ser controladas, afetam o desenvolvimento motor do bebê e a sua vida futura. O desenvolvimento motor interfere no crescimento cognitivo e afetivo da criança, e é nesta idade que ela desenvolve as funções cognitivas, que posteriormente resultarão no pensamento lógico e na formulação de conceitos. Para avaliar o desenvolvimento motor, foi escolhido a EDM - Escala de Desenvolvimento Motor (Rosa Neto, 2015).

1. Perfil do caso MHRA

A aplicação dos instrumentos neuropsicológicos descritos na seção anterior foi realizada para mensurar as habilidades que se encontram preservadas/defasadas no colaborador deste estudo, que será chamado, a partir de agora, de MHRA. Trata-se de uma criança, sexo masculino, 5 anos, estudante da rede pública de ensino, com queixa escolar de dificuldade de aprendizagem, porém sem laudo médico ou qualquer hipótese diagnóstica inicial. Ressaltamos que o estudante ingressou em uma escola pública de Educação Infantil no ano letivo de 2017, sem ter, contudo, cursado o 1° período.

Para o início deste estudo de caso, foi realizada a anamnese com a avó paterna de MHRA, que atualmente possui a guarda da criança, uma vez que a mãe faleceu e o pai encontra-se sob a custódia do estado. De acordo com as informações colhidas, foi uma gravidez desejada e planejada. No entanto, os pais eram usuários de drogas (a mãe de crack e o pai de maconha), e a genitora, durante toda a gestação e o acompanhamento pré-natal, consumiu o entorpecente.

Analisando a caderneta de vacinação da criança, verificamos que seu APGAR (exame que avalia o seu nível de adaptação à vida nos primeiros 5 e 15 minutos fora do útero) foi, respectivamente, de 7 e 8, sinalizando não haver intercorrências perinatais. A mãe não produziu leite, necessitando, dessa forma, iniciar a amamentação com mamadeira desde os primeiros dias de vida do recém-nascido. Atualmente, a criança não come carne de qualquer espécie, porém gosta muito de saladas. Adquiriu o controle dos esfíncteres por volta dos dois anos e realiza as AVDs (atividades de vida diária) com autonomia. Engatinhou antes de 1 ano de idade e começou a andar por volta de 1 ano e 3 meses. O pai sempre o estimulava nessa etapa, mesmo diante das constantes quedas.

A fala se desenvolveu no tempo esperado e, aos 3 anos, já se fazia entendido. Realiza algumas trocas de fonemas, porém estas não comprometem o entendimento daquilo que pretende comunicar. Dorme em quarto separado dos pais, que divide com a irmã caçula, tendo sono ininterrupto.

Há 1 ano, a mãe abandonou MHRA e a irmã com a avó paterna no que seria uma estadia de 2 semanas. Há 4 meses a mãe faleceu por infecção generalizada, e o pai está preso desde maio de 2017. A ausência de ambos foi um grande impacto para MHRA, em especial o distanciamento do pai, que participava ativamente de seu desenvolvimento.

De acordo com a professora da criança, esta apresenta dificuldades para se concentrar e armazenar os conhecimentos desenvolvidos em sala.

Nos atendimentos realizados com MHRA, durante este estudo de caso, o garoto apresentou dificuldades em fornecer as informações básicas como: seu nome, seu sobrenome, sua idade, nome da mãe, nome dos irmãos, brincadeiras e comidas prediletas, histórias e filmes a que assistiu *etc*. Durante a avaliação, apresentou baixo limiar de concentração/atenção e dificuldade de atender aos comandos solicitados.

Ao longo do processo de avaliação, foram utilizados instrumentos neuropsicológicos, cujos resultados serão constatados nas tabelas que se seguem.

Tabela 1 – Flexibilidade cognitiva

HABILIDADES	RESULTADO DE MHRA (ESCORE)	RESULTADO ESPERADO PARA A IDADE	CLASSIFICAÇÃO
FLEXIBILIDADE COGNITIVA (SEQUÊNCIAS)			
A	5	2 – 5	MÉDIA
B	4	2 – 6	MÉDIA
FLEXIBILIDADE COGNITIVA (CONEXÕES)			
A	4	2 – 4	MÉDIA
B	6	3 – 7	MÉDIA

Fonte: Elaborada pela autora.

A flexibilidade cognitiva está relacionada a pensar antes de agir e a buscar diferentes alternativas para a resolução de um mesmo problema, permitindo à criança analisar uma mesma informação sob ângulos diferentes ou de acordo com a visão de outras pessoas.

Tabela 2 – Memória de longo e curto prazo

HABILIDADES	RESULTADO DE MHRA (ESCORE)	RESULTADO ESPERADO PARA A IDADE	CLASSIFICAÇÃO
MEMÓRIA LONGO PRAZO	20	12 – 28	MÉDIA
MEMÓRIA CURTO PRAZO (PALAVRAS)	2	2 – 4	MÉDIA
MEMÓRIA CURTO PRAZO (PSEUDOPALAVRAS)	3	1 – 3	MÉDIA
MEMÓRIA CURTO PRAZO (TOTAL)	5	3 – 6	MÉDIA

Fonte: Elaborada pela autora.

A memória é a forma mais importante de reflexão mental da realidade, que consiste na consolidação, na conservação e na reprodução das próprias experiências do ser humano, conforme define Glozman (2014, p. 152), permitindo, por meio dela, que as aprendizagens sejam consolidadas.

Tabela 3 – Atenção (seletiva, sustentada e alternada)

HABILIDADES	RESULTADO DE MHRA (ESCORE)	RESULTADO ESPERADO PARA A IDADE	CLASSIFICAÇÃO
ATENÇÃO SELETIVA	9	15 – 29	BAIXA
ATENÇÃO SUSTENTADA	1	1 – 2	MÉDIA
ATENÇÃO ALTERNADA	9	6 – 14	MÉDIA
ATENÇÃO GERAL	10	22 – 43	BAIXA

Fonte: Elaborada pela autora.

A atenção permite realizar a seleção de informações e a exclusão de distratores que impedem essa seleção de ocorrer. O domínio dessa habilidade auxilia a criança a focalizar as informações disponibilizadas e a manipulá-las. Uma baixa capacidade de permanecer atento prejudica outras habilidades que auxiliam no processo de aprendizagem, como as funções executivas e a memória.

Tabela 4 – Linguagem

HABILIDADES	RESULTADO DE MHRA (ESCORE)	RESULTADO ESPERADO PARA A IDADE	CLASSIFICAÇÃO
LINGUAGEM (DISCRIMINAÇÃO FONOLÓGICA)	23	21 – 23	MÉDIA
LINGUAGEM (EXPRESSÃO VERBAL)	20	12 – 28	MÉDIA

Fonte: Elaborada pela autora.

Por meio da audição e do ambiente familiar adequados, a criança que não apresenta qualquer deficiência auditiva aprende naturalmente um modelo de língua oral, em função de sua interação com os pares.

De acordo com a avaliação proposta, observamos que MHRA, mesmo realizando pequenas trocas de fonemas, tem sua linguagem oral preservada.

Gráfico 1 – Perfil motor

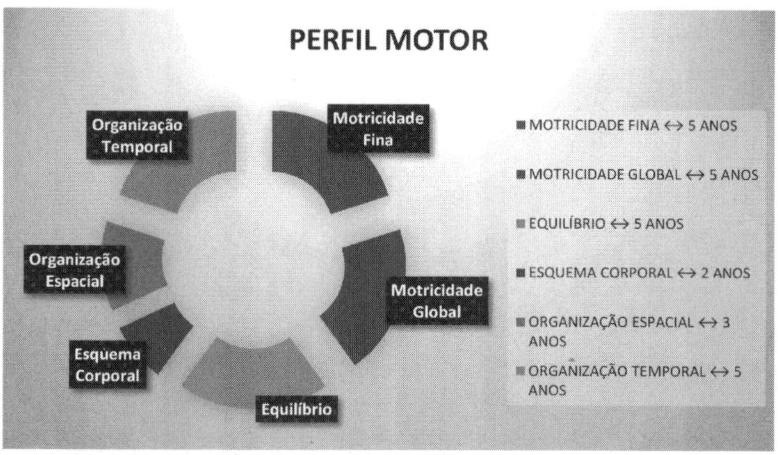

Fonte: Elaborado pela autora.

A avaliação motora pode auxiliar na prevenção e na detecção de atrasos no desenvolvimento motor das crianças na Educação Infantil, que podem acarretar comprometimentos em diversas áreas, especialmente no processo de alfabetização. O desenvolvimento das habilidades motoras tem fundamental importância e influência no desenvolvimento cognitivo e emocional.

Ao observarmos o gráfico do perfil motor de MHRA, identificamos atraso nas áreas de esquema corporal e de organização espacial. Uma criança cujo esquema corporal é mal constituído não coordena bem os movimentos, apresentando dificuldades que perpassam desde a capacidade de se vestir sozinha até uma leitura sem ritmo e entonação.

Problemas relativos à percepção espacial podem gerar dificuldades em distinguir pares como b/d, p/q, 21/12, caso não se perceba a diferença entre direita e esquerda. Se não se distingue alto de baixo, confunde-se b/p, n/u. Na escala de desenvolvimento motor, o resultado sugeriu lateralidade cruzada, apesar de a criança ainda estar em processo de definição de lateralidade, dado que tal habilidade se consolida por volta dos 7 anos de idade. Todavia, essa informação deve ser considerada, pois, em uma avaliação neuropsicopedagógica, a lateralidade cruzada pode influenciar no desenvolvimento neuromotor.

2. Considerações e aplicações após a avaliação

A utilização dos protocolos padronizados contribuíram para um direcionamento mais pontual em relação às reais dificuldades de MHRA e, a partir dos achados, podemos concluir que a criança tem potencial de aprendizagem, estando suas habilidades cognitivas preservadas. Todavia, os resultados indicam que MHRA encontra-se no que será aqui denominado "grupo de risco para transtornos funcionais".

> É muito importante o diagnóstico neuropsicológico precoce de desvios latentes no desenvolvimento para a aplicação, no tempo certo, de medidas preventivas de tratamento e habilitação [...] O diagnóstico neuropsicológico precoce da criança é uma ferramenta essencial para prevenção de desajuste no futuro (Glozman, 2014, p. 75).

Dessa forma, para atender às necessidades identificadas neste estudo de caso, será solicitada uma avaliação ecológica, que se traduz na coleta de informações sobre a vida escolar e pessoal do aluno junto à família e à escola, focalizando os ambientes nos quais a criança participa.

> Em particular, coloca-se ênfase na obtenção, com os pais e professores, de informações confiáveis que envolvem o comportamento de uma criança, bem como de observações em primeira mão do desempenho do aluno. Portanto, os principais componentes desse exame incluem entrevistas com os pais ou um dos pais da criança e seus professores, questionários respondidos pelos pais e professores e observações do comportamento da criança em múltiplos contextos e sob variadas condições para as tarefas (DUPAUL; STONER, 2007, p. 26).

Essa avaliação ecológica se faz necessária para fundamentar os dados clínicos observados até agora, pois é comum, mesmo em crianças que apresentam alteração no campo da atenção, a presença de controle diante de atividades estruturadas e que necessitem de interação individualizada com um adulto ou um desconhecido. Esse controle também se faz presente quando a atividade é de interesse da criança, justificando, assim, a necessidade de ampliarmos os ambientes observados, para identificarmos se a alteração na atenção está prejudicando MHRA em outros ambientes.

A criança deverá receber intervenção precoce e específica no treino das funções executivas, e intervenção nas habilidades motoras (na priorização das habilidades de esquema corporal e de organização espacial), uma vez que já apresenta atraso motor.

9

A importância da avaliação quantitativa e qualitativa na análise das dificuldades de aprendizagem

Claudia Ribeiro Santos

Sabe-se que o processo de alfabetização engloba diversos fatores que, conjuntamente, são responsáveis pelo desenvolvimento de uma criança em fase escolar. Segundo Capovilla e Seabra (2010), o processo de alfabetização requer o desenvolvimento de diversas habilidades, como as semânticas, as sintáticas, as fonológicas e as metafonológicas. Não é possível alcançar a competência em leitura e escrita sem o domínio dessas habilidades.

O presente estudo busca evidenciar a importância de se utilizarem instrumentos validados, com características psicométricas adequadas, na investigação de atraso no processo de alfabetização, por possibilitar a interpretação do desempenho de uma criança em relação ao desempenho esperado para seu nível de desenvolvimento, com vistas a garantir resultados cientificamente fundamentados.

Neste artigo, será abordado o estudo de caso de uma criança com possível atraso na alfabetização, visto que, em uma turma com 20 alunos, ele foi o único, segundo a escola, que não alcançou os objetivos esperados para os estudantes do 1° ano. Adicionalmente, há fatores gestacionais, emocionais e ambientais que corroboram com esse relato.

1. Perfil do caso G

A criança, identificada neste trabalho como G., 7 anos, sexo masculino, cursou o 1º ano do Ensino Fundamental em 2017, em uma escola particular em Brasília. Filho de policial civil, 45 anos, e de professora, 44 anos, G. foi encaminhado para atendimento psicopedagógico, por apresentar duas queixas: dificuldade de acompanhar o ritmo da alfabetização, no que diz respeito às habilidades de leitura e de escrita; e demonstração de pouca autonomia.

Em um primeiro momento, realizou-se a anamnese, com o intuito de ter acesso às informações significativas sobre o caso em estudo. A criança em questão nasceu de parto normal e sua mãe, que relatou muito estresse durante a gravidez, entrou em trabalho de parto 2 vezes, necessitando, para tanto, de fazer uso de medicação. Tal ação, todavia, não obteve êxito.

Único filho por parte de mãe, G. nasceu com 33 semanas, baixo peso (1.890kg), icterícia e ficou internado até atingir 2 kg. Do 1º ao 6º mês, o intestino de G. parou de funcionar, pois tinha intestino "imaturo" (SIC). Ele foi amamentado até os 2 anos e 3 meses. Demorou a falar, balbuciava algumas palavras com 8 meses, mas depois parou totalmente de falar e só retomou essa habilidade aos 2 anos e 7 meses. Esse dado, a ser visto posteriormente nos resultados psicométricos deste estudo, não interferiu no seu desenvolvimento frente ao processo de alfabetização.

O pai não aceitou a paternidade de G. e, em consequência disso, ambos nunca viveram juntos. A criança tem mais dois irmãos por parte de pai, e os encontra com pouca frequência. Tanto sua mãe quanto ele moram com os avós maternos.

G. iniciou sua vida escolar aos 2 anos e meio, e a única queixa evidenciada pela escola até o ano de 2016 era a falta de autonomia. Recentemente, com o ingresso para o 1º ano do ensino fundamental, surgiram dificuldades de leitura e de escrita. G. estava tendo um desenvolvimento cognitivo esperado para a sua faixa etária, mas estagnou na aquisição de leitura e de escrita no segundo semestre de 2017.

De acordo com o modelo de desenvolvimento de leitura de Frith (1985, 1990), sistematicamente explicado e expandido por Capovilla e Capovilla (2000), e por Capovilla e Seabra (2010), a criança passa por três estágios de aquisição de leitura e de escrita: 1) logográfico: a criança nesse estágio trata as palavras como se fossem um desenho, e não como uma escrita alfabética, e a leitura consiste no reconhecimento de palavras comuns ao seu cotidiano, como seu próprio nome, nome de comidas, cartazes, entre outros; 2) alfabético: nesse período a criança fortalece a relação entre texto e fala, pois, com o desenvolvimento da rota fonológica, ela aprende a fazer a decodificação grafofonêmica (converter as letras do texto em seus sons correspondentes); e 3) ortográfico: a criança aprende a fazer a leitura visual direta das palavras de forma ortográfica, em virtude do desenvolvimento da rota lexical.

Diante da queixa escolar e do laudo do ortoptista, foi proposta à família uma avaliação psicopedagógica apoiada à neurociência, a fim de se encontrarem elementos que justificassem a queixa ou que pudessem avaliar os possíveis comprometimentos. A avaliação teve início com a utilização de instrumentos normatizados para obtenção de resultados relativos ao desempenho de modo mais preciso, seguida das considerações qualitativas em torno de tal mensuração.

Por orientação do oftalmologista, G. realizou teste ortóptico, um exame visual que analisa, com detalhamento, a existência de alguma alteração no movimento dos olhos. O laudo apontou o seguinte resultado: Insuficiência de Convergência (ICO) (CID-10: H51.1) (OMS, 1993).

Segundo Menigite e Taglietti (2017), a insuficiência de convergência se dá quando há o inadequado alinhamento binocular dos olhos, ou seja, quando o indivíduo lê ou olha para um objeto próximo, e os olhos precisam se voltar para dentro (convergir) do foco, o que proporciona uma visão binocular, permitindo que se veja apenas uma única imagem.

A insuficiência de convergência pode dificultar a leitura, o que, consequentemente, dificultará a aprendizagem escolar, o desempenho e o processamento de atenção visual, cujos sintomas são: fadiga visual, visão dupla durante a leitura, perda de concentração e comprometimento do desempenho escolar.

Segundo o relatório de avaliação individual feito pela escola, a maioria dos objetivos em relação à aprendizagem de leitura, de escrita e de linguagem oral não foram totalmente alcançados. Alguns dos itens avaliados foram: ler diferentes tipos de textos atribuindo significado ao que se lê; realizar procedimentos de escrita, tais como planejar e revisar; e relatar oralmente uma sequência lógica de descrições.

Sabendo-se que o objetivo da escrita é a leitura e que, no processo da alfabetização, ler e escrever são atividades conduzidas quase que paralelamente, a leitura precede a escrita, apesar de grande parte das escolas darem ênfase à escrita. Ler, escrever e realizar cálculos são habilidades básicas dos currículos escolares, e o domínio de tais habilidades é fulcral para a realização de atividades escolares mais complexas, naturalmente exigidas ao longo da vida do estudante. Contudo, esse processo pressupõe um amadurecimento de habilidades linguísticas, em que a criança deve primeiro decifrar e depois reproduzir o que está escrito.

Desde muito pequena, a criança está em contato com habilidades de linguagem oral. De acordo com Castaño (2003) e com Gil (2002), citados por Trevisan *et al.* (2012c, p. 14), o desenvolvimento da linguagem oral depende de uma complexa interação de fatores individuais, como os genéticos, os biológicos, os cognitivos e os ambientais. A capacidade de compreensão oral antecede o processo de alfabetização e lhe é relativamente independente, porém tal compreensão constitui a base para aquisição de leitura e de escrita.

Nesse contexto, a linguagem oral pode ser definida como um sistema responsável pela codificação, em que o falante converte a ideia que deseja comunicar em uma série de sons, e o ouvinte decodifica os sons recebidos, transformando-os, outra vez, em ideia. Essa capacidade de compreender o que se ouve em conjunto com outras habilidades irão compor o processo que precede a alfabetização, como a apropriação do código alfabético, a capacidade de usar as regras do código para identificar as palavras e associá-las aos sentidos correspondentes, assim como as habilidades de conhecimento das letras, as habilidades fonológicas (consciência dos fonemas) e as habilidades de decodificação fonológica (mapeamento dos fonemas em grafemas).

Há evidências de que algumas habilidades de linguagem oral, como a consciência fonológica, a consciência sintática, o vocabulário, a memória fonológica e a nomeação, são importantes indicadoras de distúrbios de linguagem, bem como importantes preditoras do desempenho posterior em leitura e escrita (Trevisan *et al.*, 2012c, p. 19).

As alterações em habilidades de linguagem oral estão relacionadas a posteriores dificuldades na aquisição de leitura e de escrita (Baker; Bernhardt, 2004; Capovilla; Capovilla, 2004a, 2004b; Santos, 1996; Schneider *et al.*, 2000, citados por Capovilla; Dias, 2008, p. 135-136). Diante desses indicativos e do fato de que não é possível realizar uma avaliação de habilidades de leitura e de escrita a partir de um único teste, faz-se necessária uma investigação minuciosa de componentes distintos de todos preditores da alfabetização, com a finalidade de investigar as dificuldades evidenciadas na queixa e relacioná-las com as possíveis causas, visto que o resultado pode contribuir para a indicação de procedimentos de intervenção mais adequados.

2. Análise de dados

Na tabela a seguir, serão disponibilizados os resultados das habilidades avaliadas. Logo na sequência, segue o gráfico relativo às habilidades preditoras e posteriores para a alfabetização, com foco na comparação dos resultados alcançados por G. e dos resultados esperados para a idade da criança.

Tabela 1 – Apresentação dos resultados das habilidades avaliadas

Habilidade avaliada	Resultado	Resultado esperado para idade	Classificação	Observações para aplicação fora da faixa etária
INSTRUMENTO PARA 3 A 14 ANOS				
Vocabulário expressivo e memória de longo prazo	43	25 a 42	**alta**	
INSTRUMENTO PARA 3 A 14 ANOS				
Memória de curto prazo Fonológica – Geral	5	2 a 6	**média**	
Subteste para Palavras	3	2 a 4	média	
Subteste para Pseudopalavras	2	1 a 2	**média**	
INSTRUMENTO PARA 3 A 14 ANOS				
Consciência fonológica por produção oral Geral	25	16 a 29	**média**	

Habilidade avaliada	Resultado	Resultado esperado para idade	Classificação	Observações para aplicação fora da faixa etária
Subteste de Síntese silábica por produção oral	3	4	baixa	
Subteste de Síntese fonêmica por produção oral	1	1 a 3	média	
Subteste de Rima por produção oral	3	2 a 3	média	
Subteste de Aliteração por produção oral	4	2 a 3	alta	
Subteste de Segmentação silábica por produção oral	4	4	média	
Subteste de Segmentação fonêmica por produção oral	2	1 a 2	média	
Subteste de Manipulação silábica por produção oral	3	2 a 3	média	
Subteste de Manipulação fonêmica por produção oral	1	1 a 2	média	
Subteste de Transposição silábica por produção oral	3	1 a 3	média	
Subteste de Transposição fonêmica por produção oral	1	1	média	

Habilidade avaliada	Resultado	Resultado esperado para idade	Classificação	Observações para aplicação fora da faixa etária
INSTRUMENTO PARA 3 A 14 ANOS				
Leitura	17	4 a 27	**média**	
Compreensão Auditiva	40	29 a 36	**alta**	
INSTRUMENTO PARA 3 A 14 ANOS				
Prova de Escrita Sob Ditado	1,9	4,5 a 0,6	**média**	
Subteste de Palavras	2	5,55 a 0,5	**média**	
Subteste de Pseudopalavras	1, 6	5,5 a 1,9	**média**	
INSTRUMENTO PARA 3 A 14 ANOS				
Competência Aritmética – Geral	20	6 a 20	**média**	
Subteste de Cálculo	8	4 a 10	**média**	
Subteste de Processamento numérico	3	2 a 7	**média**	
INSTRUMENTO PARA 3 A 14 ANOS				
Flexibilidade cognitiva – Geral	- 21	- 21 a - 19	média	
Subteste – Parte A	23	20 a 24	média	
Subteste – Parte B	2	1 a 9	média	
INSTRUMENTO PARA 3 A 14 ANOS				
Atenção – Geral	75	29 a 58	**muito alta**	
Atenção seletiva	47	18 a 37	**alta**	

Habilidade avaliada	Resultado	Resultado esperado para idade	Classificação	Observações para aplicação fora da faixa etária
Atenção sustentada	2	1	alta	
Atenção alternada	22	2 a 22	média	

Fonte: Elaborada pela autora.

Gráfico 1 – apresentação das habilidades preditoras e posteriores da alfabetização

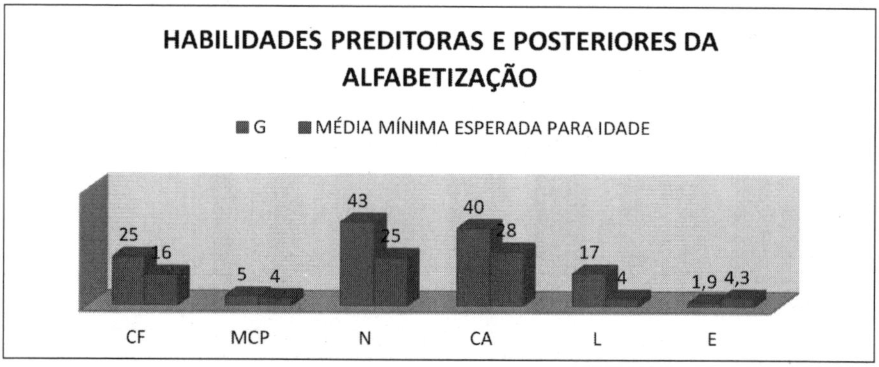

LEGENDA: CF: Consciência fonológica; MCP: Memória de curto prazo Fonológica; N: Nomeação; CA: Compreensão auditiva; L: Leitura; E: escrita.

Observação: Na prova escrita sob ditado, a computação dos dados é realizada pela frequência de erros. Quanto maior a frequência, maior o comprometimento na escrita. No caso de G, a frequência de erros apresentada é menor que a esperada para a sua idade, ou seja, sua escrita apresenta nível dentro do esperado para a idade.

Fonte: Elaborada pela autora.

3. Aplicações após a avaliação

A partir do quadro apresentado, foi observado que as habilidades preditoras de linguagem oral para alfabetização de G. estão preservadas, mesmo com a habilidade de síntese silábica evidenciando resultado baixo (próximo ao esperado para a idade). Porém, a criança, no decorrer da aplicação dos instrumentos, apresentou algumas trocas de letras na realização da prova de escrita sob ditado e do subteste de compreensão de sentenças escritas. Sua leitura apresentou-se lenta e silabada, o que não comprometeu o resultado em sua totalidade. Tal resultado colaborou para a construção da hipótese de que a dificuldade do estudante estaria associada a questões ambientes e de estímulo, como a ação do ambiente familiar, pois se entende que as características e as experiências de cada família influenciam o desenvolvimento na infância e ao longo da vida, podendo, desse modo, constituir elementos de proteção e ou de risco.

De acordo com Bradley *et al.* (1988a) e Stevenson & Baker (1987), citados por Marturano (2006), diversos aspectos da vida familiar são fundamentais, incluindo desde a atmosfera e a organização do lar até o envolvimento direto dos pais com a vida escolar da criança.

Nesse contexto, foram realizadas uma avaliação da dinâmica familiar e uma avaliação qualitativa das habilidades da criança, que, em consonância com as informações significativas do comportamento e do discurso de G., objetivaram compreender as razões que justificavam tais dificuldades. Segundo Cronbach (1996), a avaliação constitui processo mais amplo que a testagem, haja vista que aquela integra e atribui valor às informações.

Ao final do presente estudo, diante de todos os resultados apresentados, conclui-se que a aplicação de provas e de testes psicométricos foi de grande relevância para afirmar que G. encontra-se no processo de aquisição de leitura e de escrita alfabéticas, não havendo qualquer comprometimento de suas habilidades preditoras para alfabetização. Diante da avaliação qualitativa, evidenciou-se que o seu desempenho, como estudante do 1º ano do Ensino Fundamental, ficou aquém do seu potencial, visto que alguns fatores, como autonomia, baixa autoestima em relação à sua autoimagem e questões de organização familiar, foram determinantes na influência do desempenho escolar.

Por meio do estudo realizado, verificou-se que o atraso na alfabetização, no caso de G., não se deu por alteração do seu desenvolvimento, que é adequado para sua idade, e sim pela combinação de dois fatores: a insuficiência de convergência mencionada anteriormente, que já está sendo corrigida com o uso de óculos; e a interferência do meio em que a criança está inserida, sugerindo, assim, que seu atraso seja de origem ambiental.

Os resultados desta pesquisa sugerem que os pais juntamente com o profissional de psicopedagogia possam impulsionar o aprendizado escolar, a motivação da criança para os estudos e o desenvolvimento de competências interpessoais, estimulando, assim, habilidades e minimizando dificuldades futuras.

Diante de toda a discussão realizada anteriormente, recomenda-se proceder a avaliação psicoterápica, com vistas a oferecer apoio emocional para G. e sua família, no que tange aos aspectos relativos ao comportamento, à autonomia e à autoestima.

Recomenda-se, igualmente, uma avaliação ecológica, com o objetivo de investigar as habilidades e as disfunções associadas à interação de G. com os ambientes familiar, escolar e social, permitindo estabelecer ligação entre diagnóstico e planejamento interventivo.

Por fim, espera-se que haja acompanhamento psicopedagógico da criança, com o intuito de dar suporte para G., a fim de que supere suas dificuldades escolares, amplie sua fluência e automatismo na leitura, e desenvolva estratégias ortográficas.

Desse modo, são necessárias uma reorganização familiar e uma implementação de rotina de estudos para que G. possa cursar o 2º ano do Ensino Fundamental com mais autonomia, segurança e motivação. Sugere-se local adequado e livre de distratores para estudo e realização dos deveres de casa.

Paralelamente, atividades de exposição à leitura podem promover a automatização e, consequentemente, o desenvolvimento da leitura ortográfica. Sugere-se iniciar com a leitura de palavras isoladas, aumentando gradativamente a complexidade do texto a ser lido, bem como de leitura compartilhada, utilizando, principalmente, o procedimento de leitura em voz alta com *feedback* imediato. Atividades lúdicas envolvendo jogos e *softwares* que possam estimular tais habilidades, igualmente, constituem boa estratégia para motivar e conduzir esse processo tão delicado da alfabetização.

10

Avaliação psicopedagógica baseada na neurociência: um estudo sobre dificuldades de aprendizagem

Vera Lúcia Dantas de Andrade

A aprendizagem envolve processos neurais, na medida em que, por meio da conexão de neurônios e da realização de novas sinapses, redes neurais se estabelecem. A cada estímulo novo, a cada repetição de um comportamento, há circuitos que processam as informações.

1. O perfil do caso T

Este estudo de caso teve por objetivo ratificar a contribuição da avaliação psicopedagógica baseada na neurociência no diagnóstico de T., uma menina de 11 anos. As queixas da escola eram relativas a dificuldades de aprendizagem, a desatenção e a tristeza imotivada, e acarretaram o encaminhamento da estudante para o serviço de avaliação/investigação da Diretoria Geral de Saúde Pública.

Avaliada em consulta médica, por um neuropediatra, apresentou-se o seguinte laudo: transtorno não especificado do desenvolvimento das habilidades escolares (CID-10: F81.9), e reações ao "stress" grave e transtornos de adaptação (CID-10: F43). Atualmente, a criança frequenta o quinto ano do Ensino Fundamental em uma escola da Rede Pública de Brasília (Distrito Federal).

Os transtornos mentais e de comportamento estão inseridos na Classificação Internacional de Doenças (OMS, 1993). O transtorno de desenvolvimento de habilidades escolares não especificado (F81.9) não apresenta causas conhecidas, mas é pressuposto que exista a predominância de fatores biológicos os quais interagem com fatores não biológicos (tais como oportunidade para aprender e qualidade de ensino).

Reações ao "stress" grave e transtornos de adaptação (F43) pode ser considerado uma dificuldade de adaptação a uma nova situação de vida da criança, ou seja, um evento estressor que resulta no desenvolvimento de sintomas emocionais, somáticos ou comportamentais, levando a um comprometimento significativo do funcionamento social.

Entretanto, segundo APA (2014) e OMS (1993), a definição de transtorno de ajustamento requer uma relação temporal com o estressor, a exclusão de outra patologia e a ausência de qualquer desajuste antes da ocorrência do evento estressante. Outro fator considerado para o diagnóstico é o desaparecimento dos sintomas em um período de seis meses, após o surgimento do fator desencadeador. Quando o evento se torna parte da vida da criança, como, por exemplo, em um caso de divórcio dos pais, um novo nível de adaptação deve ocorrer nesse período.

No caso sob estudo, T. enfrentou o processo de separação dos pais aos dois anos de idade. Desde essa época, não manteve qualquer tipo de contato com o pai, alegando não se lembrar de sua imagem. Enfrentou, igualmente, a mudança de sua cidade para Brasília e as dificuldades financeiras vivenciadas pela família (a mãe e os três irmãos do primeiro casamento).

Como o cérebro constitui um órgão fundamental da aprendizagem, o conhecimento de sua estrutura e de seu funcionamento torna-se essencial para a compreensão de processos de aprendizagem. As dificuldades que surgem nessa área correspondem a um conjunto sistêmico de distúrbios resultantes da insuficiência funcional de um ou mais sistemas cerebrais. A identificação e a interpretação dos déficits nos sistemas funcionais do cérebro constituem vantagens oferecidas pela avaliação psicopedagógica. Tal avaliação, embasada na neurociência, busca ultrapassar tanto a mera classificação do indivíduo em relação a um grupo de referência quanto a mera descrição dos distúrbios apresentados, visando à "interpretação dos mecanismos a eles subjacentes" (Capovilla, 1998, p. 38).

Ferreira (2014, p. 86) afirma que o desenvolvimento neuropsicológico depende da maturação cerebral, influenciado por aspectos genéticos, estruturais e plásticos, além de fatores sociais e ambientais, que englobam a dinâmica familiar e os aspectos culturais.

Este estudo, com base nessas reflexões iniciais, buscou investigar o desenvolvimento cognitivo da criança T., a partir da avaliação concernente às habilidades cognitivas preservadas e comprometidas, almejando, posteriormente, auxiliar na definição do diagnóstico e elaborar estratégias de intervenção para o caso em questão.

2. Análise do caso

Este estudo de caso foi realizado com T., sexo feminino, 11 anos, estudante do quinto ano de uma escola da Rede Pública de Brasília (Distrito Federal). A menina é a quinta filha, fruto de um segundo relacionamento de sua mãe. Aos dois anos, os pais de T. se divorciaram, o que fez com que a criança perdesse o contato com o pai.

Os médicos decidiram antecipar o seu nascimento, realizando o parto cesáreo no sétimo mês, em decorrência de a mãe ter contraído sífilis no terceiro mês de gestação. T. permaneceu 17 dias na UTI e mais 15 dias internada para tratamento da sífilis congênita. A partir dos seis meses, foi para uma creche particular porque a mãe (cabelereira) precisava trabalhar. Segundo a genitora, a criança era bem tratada e estimulada na creche, e o desenvolvimento motor e a linguagem aconteceram no devido tempo. Ao sair dessa creche, a família se mudou para Brasília, e, desde então, T. passou por várias escolas.

Desde o último trimestre de 2015, a criança frequenta uma boa escola pública (SIC), porém, somente nesse ano, as dificuldades de aprendizagem foram apresentadas pela instituição. A menina é, segundo a mãe, simpática, educada e carinhosa. Ao ser questionada, prossegue a mãe, T. procura responder com presteza, em consonância com o que ocorreu durante a avaliação: a menina demonstrou vontade de acertar as tarefas propostas, admitindo o que não sabia com naturalidade. Cabe ressaltar que, nos testes de funções executivas, a garota demonstrou muito entusiasmo, principalmente no teste da torre de Londres.

Outras informações que merecem destaque são: o relacionamento ruim com os irmãos; a baixa escolaridade da mãe, que não completou o Ensino Fundamental e não tinha como auxiliar nas tarefas de T.; e a total falta de estímulo para a leitura, haja vista que as revistas do salão e os diálogos com os funcionários e com os clientes eram o único contato diário além da escola.

T. foi submetida a uma avaliação psicopedagógica baseada na neurociência, com foco na avaliação das funções executivas e das habilidades necessárias à aprendizagem de leitura, de escrita e de matemática. Foram aplicados instrumentos para avaliação da linguagem oral, da compreensão auditiva, da leitura e da escrita, e da competência aritmética, tendo em vista a presença de queixa referente a dificuldades escolares. Utilizou-se um protocolo padronizado (aplicado a amostras representativas de sujeitos) e normatizado (fornecendo as normas populacionais e os extratos de desempenho), possibilitando a comparação do desempenho do sujeito avaliado em relação à pontuação esperada para a sua idade.

Antes da aplicação dos instrumentos, a mãe respondeu a anamnese, com vistas a investigar sintomas ou situações que possam ter interferido no desenvolvimento de T. e, consequentemente, em sua dificuldade de aprendizagem. Em virtude da sífilis congênita e da prematuridade da menina, conforme observou-se na anamnese, optou-se por solicitar os seguintes exames audiológicos: audiometria, potencial auditivo cortical cognitivo relacionado a estímulos auditivos (P 300), avaliação do processamento auditivo central e potencial evocado auditivo de tronco encefálico (PEATE).

A seguir, serão definidos os instrumentos utilizados na avaliação de T., divididos em cinco grandes campos: funções executivas (teste de atenção por cancelamento, teste de trilhas e teste da torre de Londres); memória (teste infantil de nomeação, e teste de repetição de palavras e pseudopalavras); consciência fonológica e leitura (prova de consciência fonológica por escolha de figuras, prova de consciência fonológica por produção oral, e teste contrastivo de compreensão auditiva e de leitura); escrita (prova de escrita sob ditado – versão reduzida); e competência aritmética (prova de aritmética).

3. Resultados

Neste estudo, a análise dos resultados foi realizada pelos métodos quantitativo e qualitativo, na medida em que contemplou o registro quantitativo e a análise qualitativa da resposta da participante. T. mostrou-se colaborativa durante toda a avaliação, permaneceu centrada na realização das tarefas, demonstrando desejo de acertar sem, entretanto, apresentar preocupação em admitir o que não sabia. Seu desempenho foi comparado às normas dos instrumentos a que foi submetida, observando-se se o desempenho era compatível com sua idade cronológica e com seu nível de escolaridade.

Tabela 1 – Desempenho de T. nos diversos instrumentos

Teste/Prova	Pontuação Bruta	Pontuação esperada para a Idade	Classificação
Teste Infantil de Nomeação	53	45 a 56	média
Teste de Repetição de Palavras e Pseudopalavras	12	5 a 9	
Subteste para Palavras	8	4 a 6	
Subteste para Pseudopalavras	4	2 a 3	
Prova de Consciência Fonológica por Produção Oral	35	26 a 34	alta
Subteste de Síntese Silábica			não obteve resultado possível para classificação
Subteste de Síntese Fonêmica	4		alta
Subteste de Rima	4		média
Subteste de Aliteração	4		média
Subteste de Segmentação Silábica	4		média
Subteste de Segmentação Fonêmica	4		média
Subteste de Manipulação Silábica	4		média
Subteste de Manipulação Fonêmica	4		média
Subteste de Transposição Silábica	4		média
Subteste de Transposição Fonêmica	1		média
Teste Contrastivo de Compreensão Auditiva e de Leitura			

Teste/Prova	Pontuação Bruta	Pontuação esperada para a Idade	Classificação
Subteste de Compreensão de Sentenças Faladas	37	37 a 39	média
Subteste de Compreensão de Sentenças Escritas	39	39	média
Prova de Escrita sob Ditado (versão reduzida)	0,35	0,1 a 0,4	média
Subteste de Palavras	0,4	0,15 a 0,4	média
Subteste de Pseudopalavras	0,4	0,15 a 0,6	média
Prova de Aritmética	42	49 a 56	muito baixa
Subteste de Processamento Numérico	14		
Subteste de Cálculo	14		não obteve resultado possível para classificação
Teste de Trilhas	2		muito alta
Subteste parte A	24		
Subteste parte B	17		
Teste de Atenção por Cancelamento	92	67 a 89	alta
Atenção Seletiva	50		
Atenção Sustentada	3		
Atenção Alternada	39		
Teste da Torre de Londres	29	25 a 30	média
Subteste de problemas de 5 a 8	7		
Subteste de problemas de 9 a 10	10		

Fonte: Elaborada pela autora.

Observando os resultados apresentados na tabela 1, percebe-se que, em relação à memória fonológica de curto prazo e à habilidade de manipulação dos sons da fala, T. apresentou um resultado acima da média para sua idade. Já em relação ao vocabulário expressivo e à memória de longo prazo, e à escrita de palavras sob ditado, seu resultado equivaleu à média, se comparado a outras crianças de sua idade.

Na avaliação das competências aritméticas, observou-se que o resultado está muito aquém do esperado para a idade, com destaque a um déficit maior no subteste de cálculo.

Entretanto, no que tange à avaliação das habilidades executivas, T. obteve um bom desempenho, com classificação muito alta no teste de trilhas (Partes A e B), e com classificação alta em todas as partes do teste de atenção por cancelamento. No teste da torre de Londres, T. obteve o resultado médio. Entretanto, se observarmos seu desempenho no subteste dos problemas de 9 a 12, que exige maior habilidade do participante por envolver cinco movimentos, a estudante apresentou um resultado bem superior. Segundo Dias *et al.* (2010), as habilidades das funções executivas são relevantes frente a situações novas ou a demandas ambientais que exigem ajustamento, adaptação ou flexibilidade, como é o caso de situações de aprendizagem escolar.

O gráfico 1, a seguir, apresenta o perfil de desempenho no teste de atenção por cancelamento, no teste da torre de Londres e na prova de aritmética. Comparativamente, o gráfico também expõe o desempenho médio inferior e médio superior de crianças da mesma faixa etária e do mesmo nível de escolaridade de T.

Gráfico 1 – Desempenho de T. no Teste de Funções Executivas e Aritmética

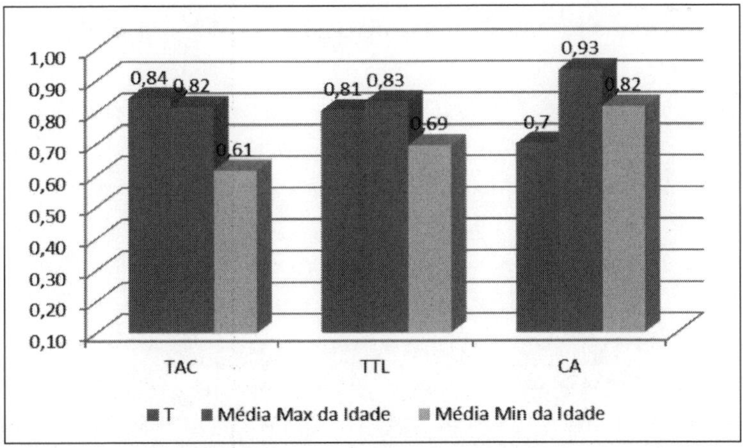

TAC – Teste de Atenção por Cancelamento TTL – Teste de Torre de Londres
CA – Prova de Aritmética

Fonte: Elaborado pela autora.

No exame audiométrico, o parecer determinou, quanto à audiometria tonal, limiares auditivos normais e, na avaliação do processamento auditivo central, apresentou dificuldade nas habilidades de figura-fundo auditiva, separação binaural, integração binaural, resolução temporal e nomeação dos padrões de frequência. De igual modo, demonstrou indícios de alteração na memória de curto prazo e na memória sequencial, bem como déficit de linguagem/cognitivo nas provas com carga linguística. Esses resultados caracterizam um transtorno do processamento auditivo central, com alteração na decodificação e na integração.

4. Considerações e aplicações após a avaliação

T. foi encaminhada pela escola para uma avaliação com neuropediatra, motivada por queixa de desatenção, falta de foco, lentidão na aprendizagem, apatia e desinteresse. Tal avaliação gerou o diagnóstico de transtorno não especificado do desenvolvimento das habilidades escolares (CID 10: F81.9), e reações ao "stress" grave e transtornos de adaptação (CID 10: F43).

O objetivo da avaliação não foi discutir o diagnóstico, mas investigar áreas de comprometimento, com base nas queixas da escola, sobretudo, nas queixas referentes à desatenção, à apatia e às dificuldades escolares. Com a avaliação psicopedagógica baseada na neurociência, foi possível delimitar as áreas de dificuldade, favorecendo tanto a compreensão das dificuldades específicas do avaliando quanto o planejamento de intervenções.

No domínio das funções executivas, foram avaliadas as habilidades de atenção seletiva, atenção sustentada, atenção alternada e flexibilidade cognitiva. T. não apresentou, em relação a tais habilidades, qualquer tipo de dificuldade. Na habilidade de planejamento, verificou-se um crescimento nas questões que exigiam maior habilidade, o que pode estar relacionado à lentidão no processamento da tarefa solicitada. Com a aquisição dessas habilidades, T. possui alguns dos requisitos necessários à aprendizagem escolar.

Nas avaliações que envolvem habilidades de compreensão de leitura, de escrita e de aritmética, T. apresentou dificuldades mais acentuadas nas habilidades relativas à compreensão aritmética, confirmando a queixa inicial da escola.

Diante dos resultados, solicitou-se uma avaliação do processamento auditivo central, em que foi constatado o transtorno nas habilidades auditivas de decodificação e de integração, justificando, portanto, as dificuldades de aprendizagem escolar de T.

De acordo com ASHA (2005), a mais conceituada associação de fonoaudiólogos dos Estados Unidos, o transtorno do processamento auditivo é a inabilidade de atender, discriminar, reconhecer ou compreender as informações apresentadas auditivamente, podendo ocorrer mesmo em indivíduos com acuidade auditiva normal, manifestadas pelo desempenho insatisfatório de uma ou mais habilidades auditivas, destacando-se a decodificação, a prosódia e a integração. T., conforme já explicitado, apresentou disfunção nas habilidades de decodificação e de integração.

O transtorno relacionado à decodificação auditiva prejudica as habilidades de atenção seletiva e localização sonora, justificando problemas de fala, de escrita e de compreensão em ambiente ruidoso; lentidão para aprender; dificuldade na recepção de linguagem e na precisão da leitura de fonemas (trocas articulatórias); e processamento lento e impreciso (parece ter dificuldades com memória). No que diz respeito à linguagem escrita, há má representação fonológica e vocabulário restrito; inconsistência na associação fonema/grafema; omissão de grafemas; trocas de fonemas próximos acusticamente; leitura lexical com muitos erros; e dificuldades de compreensão de textos.

No caso do déficit de integração, nota-se que não há uma "correta" comunicação entre os hemisférios direito e esquerdo. Assim, os pacientes com essa alteração têm dificuldades em realizar tarefas de modalidades diferentes, apresentam baixa velocidade de leitura e de compreensão, e apresentam dificuldade em dividir a atenção, não conseguindo, assim, realizar mais de uma atividade ou de relacioná-las.

Os transtornos no processamento auditivo que aparecem nos exames de T. justificam suas dificuldades de aprendizagem, tornando-as mais visíveis no decorrer dos anos, quando as exigências vão aumentando. Justificam, de igual modo, a apatia e a falta de interesse, já que a criança não consegue acompanhar o ritmo de aprendizagem do restante da turma, afetando, por conseguinte, a sua autoestima.

Com base nessa avaliação, algumas recomendações podem ser feitas:

- Reabilitação auditiva e terapia fonoaudiológica: para tratar as questões ligadas ao processamento auditivo central.

- Acompanhamento psicopedagógico: para intervenção em suas dificuldades escolares, principalmente os conhecimentos básicos de leitura, de escrita e de interpretação de texto, bem como de aritmética, em que se torna necessário iniciar com processamento numérico, noções de cálculo, para, somente depois, utilizar os algoritmos das quatro operações básicas.
- Acompanhamento por psicólogo: para intervir na autoestima, na aceitação das próprias dificuldades e no desenvolvimento de estratégias que lhe possibilitem uma melhor interação no âmbito familiar e escolar, e no convívio social.
- Avaliação ecológica: para verificar as dificuldades apresentadas por T., ao lidar com diversos processos simultaneamente.

Além da avaliação de T. e dos encaminhamentos decorrentes desta, esse estudo ratificou a importância da avaliação psicopedagógica baseada na neurociência em caso de queixa relacionada à aprendizagem. No caso sob estudo, a avaliação contribuiu para um diagnóstico mais preciso e, ao mesmo tempo, para uma intervenção mais eficiente.

PARTE IV

NEUROCIÊNCIA, AUTISMO E INCLUSÃO ESCOLAR

11

A inclusão do adolescente autista baseada na avaliação cognitiva

Clécia Maria Barreto dos Santos Alves

A avaliação psicopedagógica apoiada à neurociência objetiva quantificar as funções cognitivas e qualificar as dificuldades e as habilidades de dado indivíduo, observando o seu desempenho em determinadas tarefas. Para tanto, são utilizados instrumentos padronizados e normatizados para a população brasileira, tanto em sua forma estatística quanto qualitativa, associando, desse modo, a sintomatologia a questões intelectuais deficitárias.

De acordo com APA (2014), não se diferencia mais autismo de síndrome de Asperger, pois as características ou as condições são consideradas TEA (transtorno do espectro autista) e a variação destas se dá de acordo com o grau de sintomatologia e com a possibilidade de apresentar fragilidade nas habilidades envolvendo atenção seletiva e funções executivas, prejudicando, assim, a capacidade de se tomarem decisões planejadas.

As disfunções cognitivas, por sua vez, afetam o funcionamento motor global, a capacidade de atenção e a informação visual, potencializando, por conseguinte, as dificuldades acadêmicas.

A avaliação, a ser realizada neste artigo, tem como objetivo apontar alterações no funcionamento do sistema cerebral em relação ao transtorno do espectro autista, contribuindo para uma melhor compreensão das bases neurobiológicas preditoras ao quadro, com a finalidade de minimizar, a partir de estímulos terapêuticos, as possíveis dificuldades desse transtorno.

1. O perfil do caso CC

Como primeira etapa deste processo avaliativo, foi realizada a anamnese com a família. O adolescente CC, sexo masculino, 16 anos, nascido em 25/2/2001, estudante do 9º ano de um colégio da iniciativa privada, possui laudo de transtorno do espectro autista e, em razão desse diagnóstico, faz uso diariamente de Prozac (10mg) e Ritalina (20mg). Sua mãe (44 anos) e seu pai (60 anos) são pós-graduados, e o adolescente reside com ambos e com sua irmã (23 anos). Em decorrência do diagnóstico de CC, foi sugerida uma avaliação neuropsicopedagógica para complementar informações referentes ao quadro de espectro autista e para sugerir um acompanhamento multidisciplinar, devido à queixa de dificuldade de aprendizagem já existente na rotina do adolescente.

De acordo com relato familiar, não houve quaisquer intercorrências durante a gestação do adolescente, tampouco qualquer atraso em seu desenvolvimento neuropsicomotor. Diferentemente desse quadro, CC apresentava, com bastante frequência, dificuldade para interagir com os pares.

Ao ingressar à escola, o jovem teve difícil adaptação, necessitando ser retido na alfabetização. Atualmente, a escola tem acompanhado a rotina do discente e realizado adaptações curriculares orientadas pelos profissionais que o assistem, a saber: psicopedagoga, psicóloga, psiquiatra, fonoaudióloga, neurologista e professores de reforço escolar.

O núcleo familiar, assim como já foi mencionado, é composto pelos pais e por uma irmã mais velha, em ambiente estruturado e harmônico, com rotina, regras e lazer (SIC).

O adolescente é considerado pelos pais amoroso, disperso, inflexível, metódico, rígido no comportamento, e autônomo para realizar hábitos de higiene e cuidados pessoais. Entretanto, sua noção de perigo ainda não foi totalmente consolidada.

Do ponto de vista clínico, o jovem apresenta alteração no sistema auditivo central, comprovado através de uma avaliação em que foi detectada uma desordem no desenvolvimento das habilidades auditivas, que são: localização e lateralização sonora, discriminação auditiva, reconhecimento de padrões auditivos, resolução temporal, figura-fundo auditiva, fechamento auditivo, e memória, atenção e cognição (ASHA, 2005).

Por apresentar um conjunto de sintomas relacionados à agitação e à distração, CC, além de usar os medicamentos citados, realizou, em 2010, uma avaliação psicológica e, em 2014, uma avaliação neuropsicológica. Em tais procedimentos, foram utilizados instrumentos de Bateria WESCHELER de inteligência para crianças e adolescentes, Escala WMS III de memória, teste da figura complexa de Rey, teste auditivo verbal de Rey, *Five points*, TMT, *Stroop Test*, teste do cancelamento de estrelas, e bateria Tecon de Atenção. O resultado de seus parâmetros de inteligência, revelado pelas avaliações realizadas, indicou QI Executivo limítrofe e QI Verbal médio inferior.

Com objetivo de reavaliar os progressos, verificar as habilidades preservadas ou as possíveis alterações quanto ao funcionamento cognitivo do adolescente, foram utilizados instrumentos normatizados e padronizados que contemplam os aspectos relacionados a habilidades específicas acometidas pelo TEA, especialmente atenção, memória, visuoconstrução e funções executivas.

Tabela 1 – Apresentação dos resultados das habilidades avaliadas

Habilidade avaliada	Resultado	Resultado esperado para idade	Classificação	Observações para aplicação fora da faixa etária
TESTE PARA 03 A 14 ANOS				
Vocabulário expressivo e memória de longo prazo	44	51 a 57	Muito baixa	Resultado esperado para 14 anos
TESTE PARA 03 A 14 ANOS				
Memória de curto prazo Fonológica - Geral	3	7 a 10	Muito baixa	Resultado esperado para 14 anos
Subteste para Palavras	2	5 a 6	Muito baixa	Resultado esperado para 14 anos
Subteste para Pseudopalavras	1	3 a 4	Muito baixa	Resultado esperado para 14 anos

Habilidade avaliada	Resultado	Resultado esperado para idade	Classificação	Observações para aplicação fora da faixa etária
TESTE PARA 03 A 14 ANOS				
Consciência fonológica por produção oral Geral	33	32 a 38	Média	Resultado esperado para 14 anos
Subteste de Síntese silábica por produção oral	4	4	Média	Resultado esperado para 14 anos
Subteste de Síntese fonêmica por produção oral	4	2 a 4	Média	Resultado esperado para 14 anos
Subteste de Rima por produção oral	4	4	Média	Resultado esperado para 14 anos
Subteste de Aliteração por produção oral	4	4	Média	Resultado esperado para 14 anos
Subteste de Segmentação silábica por produção oral	4	4	Média	Resultado esperado para 14 anos
Subteste de Segmentação fonêmica por produção oral	3	1 a 3	Média	Resultado esperado para 14 anos
Subteste de Manipulação silábica por produção oral	4	4	Média	Resultado esperado para 14 anos

Habilidade avaliada	Resultado	Resultado esperado para idade	Classificação	Observações para aplicação fora da faixa etária
Subteste de Manipulação fonêmica por produção oral	3	3 a 4	Média	Resultado esperado para 14 anos
Transposição silábica por produção oral	2	3 a 4	Muito baixa	Resultado esperado para 14 anos
Subteste de Transposição fonêmica por produção oral	3	2 a 4	Média	Resultado esperado para 14 anos
TESTE PARA 03 A 14 ANOS				
Leitura	39	37 a 39	Média	Resultado esperado para 11 anos
Compreensão Auditiva	40	36 a 40	Média	Resultado esperado para 11 anos
TESTE PARA 03 A 14 ANOS				
Prova de Escrita Sob Ditado	0.44	0,4 a 0,15	Média	Resultado esperado para 11 anos
Subteste de palavras	0.2	0,35 a 0,1	Média	Resultado esperado para 11 anos
Subteste de Pseudopalavras	0.8	0,6 a 0,15	Baixa	Resultado esperado para 11 anos
TESTE PARA 03 A 14 ANOS				
Competência Aritmética –Geral	40	49 a 56	Baixa	Resultado esperado para 11 anos
Subteste de Cálculo	15	28 a 34	Muito baixa	Resultado esperado para 11 anos
Subteste de Processamento numérico	21	Resultado esperado para 11 anos	Muito baixa	Resultado esperado para 11 anos

Habilidade avaliada	Resultado	Resultado esperado para idade	Classificação	Observações para aplicação fora da faixa etária
TESTE PARA 03 A 14 ANOS				
Flexibilidade cognitiva – Geral	-15	-4 a 0	Muito baixa	Jovens adultos
Subteste – Parte A	24	24	Média	Jovens adultos
Subteste – Parte B	9	20 a 24	Muito baixa	Jovens adultos
TESTE PARA 03 A 14 ANOS				
Atenção - Geral	68	96 a 105	Muito baixa	Jovens adultos
Atenção seletiva	41	49 a 50	Muito baixa	Jovens adultos
Atenção sustentada	1	6 a 7	Muito baixa	Jovens adultos
Atenção alternada	26	40 a 48	Muito baixa	Jovens adultos
TESTE PARA 03 A 14 ANOS				
Planejamento Geral	20	33 a 35	Muito baixa	Jovens adultos
Subteste – problemas de 5 a 8	4	8 a 9	Muito baixa	Jovens adultos
Subteste – problemas de 9 a 12	3	7 a 9	Muito baixa	Jovens adultos

Fonte: Elaborada pela autora.

Gráfico 1 – Habilidades que se apresentam rebaixadas no momento da avaliação

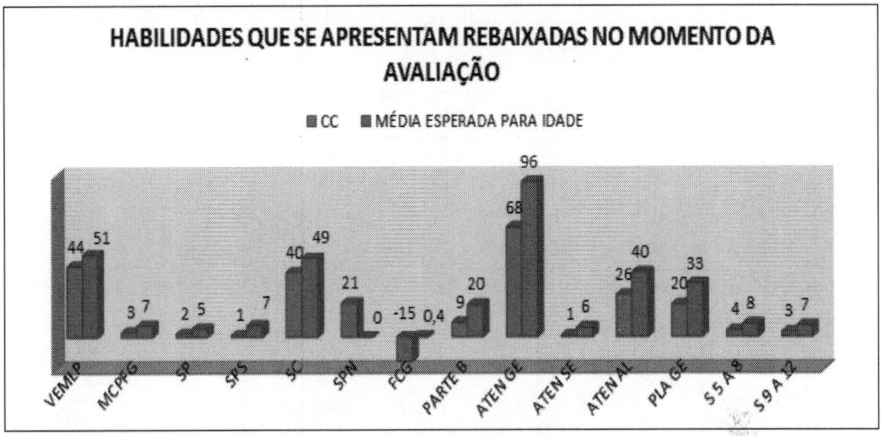

Legenda: VEMLP (vocabulário expressivo e memória de longo prazo); MCPFG (memória de curto prazo fonológica – geral); SP (subteste para palavras); SPS (subteste para pseudopalavras); SC (subteste de cálculo); SPN (subteste de processamento numérico); FCG (flexibilidade cognitiva – geral); Parte B (subteste de flexibilidade cognitiva – parte B); ATEN GE (atenção – geral); ATEN SE (atenção sustentada); ATEN AL (atenção alternada); PLA GE (planejamento – geral); S 5 A 8 (subteste – problemas de 5 a 8); S 9 A 12 (subteste – problemas de 9 a 12).

Fonte: Elaborado pela autora.

2. Análise dos dados

A interpretação dos dados da tabela possibilitou averiguar que, na competência aritmética, o conhecimento não foi consolidado, o que acarretou desempenho deficitário.

Em relação à atenção sustentada, CC teve desempenho estatístico abaixo do que era esperado para a sua idade, no que diz respeito à capacidade de se manter em vigilância.

A habilidade de inibir respostas relacionadas à atenção seletiva apresentou-se com prejuízo, pois o adolescente se dispersa com facilidade, direcionando, com frequência, sua atenção aos estímulos externos.

No que se refere à atenção alternada, o colaborador demonstrou dificuldades na tarefa que afere tal habilidade, pois sua capacidade de modificar o foco da atenção e depois retornar para atividade anterior apresentou-se abaixo da média esperada para a idade.

CC demonstrou prejuízos na identificação de algumas metas, necessitando de mediação para evitar a impulsividade na tomada de atitudes. Constata-se, então, uma dificuldade relativa às funções executivas, na medida em que tais funções englobam um conjunto de habilidades necessárias para a resolução de problemas, com o objetivo de planejar e executar ações.

Concernente à organização, ao planejamento e à flexibilidade para realização de tarefas, CC necessita de estímulos para se manter em diálogo, para planejar ideias e para realizar controle inibitório (atualmente, pouco funcional).

Destaca-se, nesse viés, que o estudo de caso corrobora com as dificuldades intelectuais apontadas na avaliação neuropsicopedagógica realizada em 2013, que já sinalizava déficits cognitivos.

Cabe ressaltar, por fim, que, quando a intervenção adequada ocorre no período crítico do desenvolvimento da criança, há maiores chances de se alcançar um prognóstico positivo. Por esse ângulo, tal afirmativa reforça, ainda mais, a importância de adaptação curricular para o adolescente, com o intuito de colaborar, de modo mais eficaz, com o seu desenvolvimento.

3. Considerações e aplicações após a avaliação

Alguns dos desempenhos de CC, que estão abaixo do esperado para a idade, podem ser entendidos em virtude do quadro de espectro autista (CID: F 84.5). Portanto, tais resultados não são atribuídos apenas à baixa performance nos instrumentos aplicados, mas também à desabilidade decorrente do diagnóstico em questão, trazendo, como consequência, prejuízos para as habilidades escolares, que apontam atrasos no desenvolvimento cognitivo. Todo esse processo gera um prejuízo do funcionamento cognitivo global, constituindo-se, muitas vezes, como empecilho para a realização das atividades escolares.

Além dessa análise, a falha atencional associada à hiperatividade e à alteração do sistema auditivo potencializa as dificuldades de CC, mesmo havendo, durante o acompanhamento clínico, a estimulação por meio de atividades que exigem habilidades executivas. Dessa forma, torna-se essencial a continuidade das mediações estabelecidas com os profissionais que acompanham o adolescente, para que haja chances de este se desenvolver de modo adequado, com oportunidades de contribuir com a nossa sociedade como um adulto produtivo e independente.

Realizam-se, por fim, os seguintes encaminhamentos: manter os acompanhamentos terapêuticos; orientar os pais; estabelecer parceria com a escola; realizar adaptações curriculares; manter a prática de esportes; incentivar atividades funcionais com autonomia; desenvolver estratégias de independência; e realizar uma reavaliação após 2 anos.

12

Contribuições da neurociência para inclusão escolar de criança autista

Eliana Gomes Barreto

1. O perfil do caso PA

A educação não é restrita, mas direito de todos e prevista em lei. Recentemente, o MEC (Ministério da Educação e Cultura), por meio da Portaria nº 243, estabeleceu critérios e regras de funcionamento a instituições de ensino, públicas ou privadas, com o intuito de favorecer a inclusão escolar (Brasil, 2016), propiciando, assim, o acesso à educação de sujeitos com altas habilidades, com deficiências e com transtornos globais, o que inclui, consequentemente, o portador do transtorno do espectro autista (TEA). Na definição do DSM-5, as características diagnósticas do TEA englobam "prejuízo persistente na comunicação social recíproca e na interação social (critério A) e padrões restritivos e repetitivos de comportamento, interesses ou atividades (critério B)" (APA, 2014, p. 53). Para Marques (2000) e Cavaco (2014), citados por Cavaco (2015),

> definir o autismo não é tarefa fácil, visto que as fronteiras existentes entre as várias perturbações do espectro do autismo são muito tênues. A palavra autismo traduz uma forma de estar de um determinado indivíduo que se encontra fechado em si próprio, ou seja, num estado ou condição em que se aparenta estar incomumente absorvido em si próprio.

Nesse sentido, a neurociência traz contribuições substanciais para o caso sob análise (uma criança autista), na medida em que propicia o estudo do sistema nervoso de maneira ampla (anatomia, fisiologia, organização cerebral), bem como a relação com as áreas de aprendizagem, no que se refere à avaliação e à intervenção de crianças com autismo e com baixo rendimento, a fim de promover a inclusão escolar.

A linguagem oral, integrante de um conjunto de habilidades fundamentais ao ser humano, pode ser definida como "um sistema finito de princípios e regras que possibilita a um falante codificar significado em sons e que um ouvinte decodifique sons em significado" (GERBER, 1996, citado por TREVISAN *et al.*, 2012c, p. 14).

Como as queixas escolares a respeito de P.A., o colaborador deste estudo de caso, incidem em defasagens relativas à linguagem oral, à linguagem escrita e à aprendizagem, optou-se por avaliá-lo por meio de instrumentos padronizados oriundos de um protocolo de avaliação neuropsicológica, que, como menciona Urbina (2007), citado por Carvalho (2012, p. 28), inicialmente surgiram "como forma de mensurar as consequências comportamentais de lesões e, mais tarde, de disfunções cerebrais".

Tal avaliação foi realizada em cinco encontros de duas horas, sendo o primeiro deles destinado a uma entrevista (anamnese) com a mãe, para coletar dados pessoais e de desenvolvimento do participante; e nos quatro subsequentes, já com a criança, foi aplicada a bateria de instrumentos neuropsicológicos, cujos dados encontram-se descritos a seguir.

P.A., 8 anos, sexo masculino, cursa o 2° ano do Ensino Fundamental em uma escola particular. O pai, 46 anos, é bombeiro militar; e a mãe, 36 anos, professora. O garoto tem três irmãos: dois mais velhos por parte de pai (um rapaz de 20 anos e uma moça de 15 anos), e sua irmã mais nova (1 ano e 8 meses). Segundo a mãe, P.A. é fruto de uma gravidez inesperada, mas não indesejada.

O menino reside em uma casa com os pais e com a irmã mais nova, estuda no período matutino e fica aos cuidados da avó materna no turno vespertino. Cabe ressaltar que a criança tem contato com os avós paternos e com os irmãos mais velhos.

Para a realização do presente trabalho, foi utilizado, como método de pesquisa, o estudo de caso, que, segundo Nisbett e Watt (1978), citados por André (1984), consiste em "uma investigação sistemática de uma instância específica". No caso deste estudo, o colaborador é considerado tal instância.

Quanto aos instrumentos, utilizou-se a anamnese, como ponto de partida, para a coleta de dados acerca da vida de P.A. Após esse momento, optou-se por uma coletânea de protocolos padronizados, a serem divididos em dois grandes grupos: funções executivas, e consciência fonológica, leitura, escrita e aritmética.

2. Instrumentos, resultados e análise de dados

Em atendimento realizado por fonoaudióloga e por psicóloga com especialização em linguagem e motricidade orofacial, P.A. recebeu diagnóstico de autismo leve, com base na escala CARS, ferramenta padronizada de triagem para o autismo. Em decorrência desse diagnóstico, optou-se pelas ações descritas na seção anterior (anamnese e execução de protocolos). No geral, P.A. colaborou com a realização dos testes e das provas. Quando desejava interromper a tarefa, esboçava sua vontade com muita educação, mas não se recusava a concluir o que já estivesse em andamento.

Durante esse processo, foram avaliadas as habilidades de linguagem, atenção, flexibilidade cognitiva, memória de curto e longo prazo, processamento numérico e cálculo, e competência escrita.

Após a aplicação de todos os instrumentos, elaborou-se a tabela a seguir, contendo os resultados obtidos por P.A. nas tarefas. Nela são apresentados habilidade avaliada; resultado, com sua pontuação bruta; resultado esperado para a idade; e classificação, com base na pontuação-padrão obtida por tabelas normatizadas para cada instrumento, presentes em Seabra e Dias (2012a), Seabra e Dias (2012b) e Seabra *et al.* (2013a).

Tabela 1 – Resultados das habilidades avaliadas

Habilidade Avaliada	Resultado	Resultado esperado para idade	Classificação	Observações para aplicação fora da faixa etária.
TESTE PARA 3 A 14 ANOS				
Vocabulário expressivo e memória de longo prazo	25	34 a 46	Muito baixa	

Habilidade Avaliada	Resultado	Resultado esperado para idade	Classificação	Observações para aplicação fora da faixa etária.
TESTE PARA 3 A 6 ANOS				
Discriminação fonológica	22	22 a 23	Média	Comparada com crianças de 6 anos
TESTE PARA 3 A 14 ANOS				
Memória de curto prazo Fonológica – Geral	3	4 a 7	Baixa	
Subteste para Palavras	2	3 a 5	Baixa	
Subteste para Pseudopala-vras	1	2	Baixa	
TESTE PARA 3 A 14 ANOS				
Consciência fonológica por produção oral – Geral	10	22 a 32	Muito baixa	
Subteste de Síntese silábica por produção oral	4	4	Média	
Subteste de Síntese fonêmica por produção oral	0	2 a 3	Muito baixa	
Subteste de Rima por pro-dução oral	1	3	Muito baixa	
Subteste de Aliteração por produção oral	1	3 a 4	Muito baixa	
Subteste de Segmentação silábica por produção oral	4	4	Média	

Habilidade Avaliada	Resultado	Resultado esperado para idade	Classificação	Observações para aplicação fora da faixa etária.
Subteste de Segmentação fonêmica por produção oral	0	1 a 2	Muito baixa	
Subteste de Manipulação silábica por produção oral	0	2 a 4	Muito baixa	
Subteste de Manipulação fonêmica por produção oral	0	1 a 3	Muito baixa	
Subteste de Transposição silábica por produção oral	0	2 a 4	Muito baixa	
Subteste de Transposição fonêmica por produção oral	0	1	Muito baixa	
TESTE PARA 6 A 11 ANOS				
Leitura	0	22 a 38	Muito baixa	
Compreensão Auditiva	36	35 a 39	Média	
TESTE PARA 6 A 11 ANOS				
Prova de Escrita Sob Ditado	5,1	1,05 a 0,25	Muito baixa	
Subteste de palavras	5,1	1 a 0,15	Muito baixa	
Subteste de Pseudopala-vras	5,1	1,15 a 0,3	Muito baixa	
TESTE PARA 6 A 11 ANOS				
Competência Aritmética – Geral	4	19 a 40	Muito baixa	

Habilidade Avaliada	Resultado	Resultado esperado para idade	Classificação	Observações para aplicação fora da faixa etária.
Subteste de Cálculo	4	8 a 21	Muito baixa	
Subteste de Processamento numérico	0	9 a 13	Muito baixa	
TESTE PARA 5 A 14 ANOS				
Flexibilidade cognitiva – Geral	- 15	-21 a -13	Média	
Subteste - Parte A	18	23 a 24	Muito baixa	
Subteste - Parte B	3	2 a 10	Média	
TESTE PARA 5 A 14 ANOS				
Atenção - Geral	63	36 a 74	Média	
Atenção seletiva	45	18 a 43	Alta	
Atenção sustentada	1	1 a 3	Média	
Atenção alternada	17	13 a 32	Média	

Fonte: Elaborada pela autora.

Nas habilidades linguísticas, P.A. demostrou não possuir grande domínio das letras do alfabeto, tampouco do significado sonoro. Na prova de consciência fonológica, P.A. obteve, por produção oral e por escolha de figuras, classificação abaixo do esperado para idade, sendo que a segunda opção de prova se deu em decorrência de sua necessidade de apoio visual. Optou-se por realizar o teste de discriminação fonológica, em que sua classificação foi média, em comparação a crianças de 6 anos.

No que se refere ao vocabulário expressivo e à memória de trabalho de longo prazo, seu rendimento, de igual modo, foi muito baixo, e no que tange à memória de curto prazo fonológico, baixo em comparação com a sua faixa etária, o que condiz com as informações narradas por sua mãe na anamnese. Nela consta que P.A. balbuciava claramente, aos sete meses; com 1 ano, passou a apontar e inibiu a fala; com 1 ano e 7 meses, iniciou uma nova linguagem; e somente aos 3 anos e 4 meses, sua linguagem se tornou um pouco mais clara, e seu repertório vocabular, simplificado.

Ao se realizar a avaliação de competência escrita, houve certa resistência do estudante para iniciar as tarefas, pois ele afirmou não saber ler e escrever. Mesmo assim, P.A. realizou as tarefas, apresentando rendimento muito baixo. O colaborador reconhece as letras do alfabeto, mas não percebe a conexão entre elas para a produção de sílabas ou de palavras.

De acordo com sua professora, P.A. reconhece os números até 20 e, no relato da mãe, não faz qualquer relação com objeto concreto (dedo e tampinha, por exemplo), a fim de realizar operações e problemas. Em sua prova para processamento numérico e para cálculo, igualmente, obteve resultado muito baixo para a sua idade.

Quanto à avaliação das funções executivas, apresentou bom resultado nas habilidades de flexibilidade cognitiva geral e de atenção, cujo resultado foi médio. Sustenta-se, assim, de forma quantitativa, o que foi possível observar durante as sessões de avaliação e o que foi relatado pela mãe e pela professora quanto à maneira de P.A. se comportar diante de comandos para a realização de tarefas: ele se mantém focalizado e atento. Subtende-se, com tais registros, que P.A. não apresenta sintomas para a hipótese de TDAH, que também pode se apresentar como comorbidade no autismo.

Diante do baixo desempenho nas habilidades de linguagem oral, é possível perceber que o domínio da linguagem oral é, no momento, a habilidade com maior déficit de desempenho, ocasionando por consequência disso alterações em habilidades de leitura e escrita. É possível observar e levantar a hipótese de que os atrasos encontrados na competência aritmética também podem estar relacionados aos atrasos de linguagem e de leitura, uma vez que a compreensão constitui habilidade preditora para o processamento numérico e para o cálculo.

Gráfico 1 – Desempenho de P.A.
e desempenho esperado para a sua idade

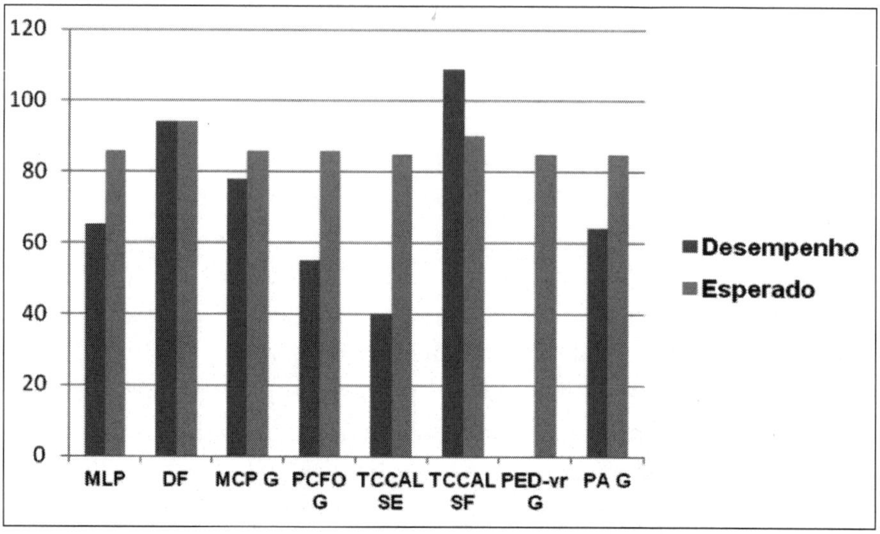

Legenda: MPL – memória de longo prazo; DF – discriminação fonológica; MCP G – memória de curto prazo geral; PCFO G – prova consciência fonológica geral; TCCAL SE – teste contrastivo de compreensão auditiva e de leitura de sentenças escritas; TCCAL SF – teste contrastivo de compreensão auditiva e de leitura de sentenças faladas; PED-vr G – prova de escrita sob ditado – versão reduzida; PA G – prova de aritmética geral.

Fonte: Elaborado pela autora.

3. Considerações e aplicações após a avaliação

A alteração perceptual do mundo exterior é uma das características apresentadas pelo autismo. Nessas circunstâncias, P.A., uma criança acometida por tal transtorno, apresenta vocabulário simplificado e reduzido, atraso de fala e baixo domínio de habilidades relativas à linguagem oral.

Sendo assim, o desempenho de P.A. nas habilidades de linguagem oral está intrinsecamente ligado ao déficit escolar, à defasagem em habilidades inerentes à consciência fonológica, à competência escrita e à competência leitora, como afirmam Catts *et al.* (2002), e Snowling *et al.* (2000), citados por Dias e Seabra (2012, p. 178), no entendimento de que há vastas evidências na literatura a respeito da relação entre habilidades de linguagem oral e a posterior aquisição de linguagem escrita. Alguns estudos têm demonstrado que crianças com alterações na linguagem oral em idade pré-escolar apresentam, em relação a crianças com desenvolvimento linguístico normal, maior prevalência de dificuldades de leitura nas séries iniciais.

Diante do exposto, é possível reforçar a importância das contribuições da neurociência, em virtude de se constituir como área que se dedica ao estudo do sistema nervoso de maneira ampla, que, a partir de sua interface com áreas do conhecimento (como linguagem e matemática, por exemplo) pode promover, mesmo que indiretamente, ações de inclusão escolar, assim como se espera no caso sob análise.

Por meio dos dados coletados na avaliação, foi possível não só confirmar as habilidades que estão defasadas, justificando-se, assim, o atraso escolar de P.A., mas também redirecionar as normas e as condutas que família e escola terão como grande desafio para o crescimento escolar da criança em questão.

Como encaminhamentos, é possível afirmar que P.A. necessita de atendimento multidisciplinar com neuropediatra, fonoaudiólogo e psicopedagogo. Seria recomendado que o primeiro profissional procedesse com a avaliação do sistema nervoso central, que, por meio de exames específicos, possibilitará a análise do seu desenvolvimento neurológico, bem como das aquisições motoras, cognitivas e de linguagem. O segundo profissional se justifica por realizar uma avaliação dos aspectos da função auditiva periférica e central, da função vestibular, da linguagem oral e da escrita, da voz, da fluência, e da articulação da fala para intervenção imediata. O terceiro profissional, por fim, seria responsável por ampliar o desenvolvimento escolar da criança, uma vez que, no ambiente escolar, são necessários o acompanhamento por um ledor, o apoio visual para a realização de tarefas e a adaptação curricular.

Referências

ALBUQUERQUE, G.; MAIA, M.; FRANÇA, A.; MATTOS, P.; PASTURA, G. Processamento da Linguagem no Transtorno do Déficit de Atenção e Hiperatividade (TDAH). *D.E.L.T.A.*, v. 28, n. 2, p. 245-280, 2012.

AMERICAN PSYCHIATRIC ASSOCIATION. *Manual diagnóstico e estatístico de transtornos mentais*: DSM-5. Tradução de Maria Inês Corrêa Nascimento *et al.* 5. ed. Porto Alegre: Artmed, 2014.

AMERICAN SPEECH AND HEARING ASSOCIATION. *Understanding auditory processing disorders in children*. 2005. Disponível em: www.asha.org/policy. Acessado em: 20 de dezembro de 2017.

ANDRÉ, M. E. D. Estudo de Caso: Seu potencial na Educação. *Cad. Pesq.*, v. 49, p. 51-54, 1984.

BADDELEY, A.; ANDERSON, M. C.; EYSENCK, M. W. *Memória*. Tradução de Cornélia Stolting. Porto Alegre: Artmed, 2011.

BAKHTIN, M. *Marxismo e filosofia da linguagem*. 4. ed. São Paulo: Hucitec, 1988.

BARKLEY, R. A. Behavioral inhibition, sustained attention, and executive functions: constructing a unifying theory of ADHD. *Psycological Bulletin*, v. 121, n. 1, p. 65-94, 1997.

BARKLEY, R. A. The Executive Functions and Self-Regulation: An Evolutionary Neuropsychological Perspective. *Neuropsychology Review*, v. 11, n. 1, p. 1-29, 2001.

BARKLEY, R. A. *Vencendo o TDAH adulto*. Porto Alegre: Artmed, 2011.

BORGHI, T.; PANTANO, T. POP-TT: *Protocolo de Observação Psicomotora*. São Paulo: Pulso, 2010.

BRADLEY, L.; BRYANT, P. E. Categorizing sounds and learning to read: a causal connection. *Nature*, v. 301, p. 419-421, 1983.

BRASIL. Ministério da Educação. *Lei de Diretrizes e Bases da Educação Nacional*. LDB 9.394, de 20 de dezembro de 1996.

BRASIL. *Política Nacional de educação especial na perspectiva da educação inclusiva*. Brasília, MEC, 2008. Disponível em: http://portal.mec.gov.br. Acessado em: 12/12/2017.

BRASIL. Ministério da Educação e Cultura. Secretaria de Educação Continuada, Alfabetização, Diversidade e Inclusão. *Portaria n. 243, de 15 de abril de 2016*. Estabelece os critérios para o funcionamento, a avaliação e a supervisão de instituições públicas e privadas que prestam atendimento educacional a alunos com deficiência, transtornos globais do desenvolvimento e altas habilidades/superdotação.

CAPELLINI, S. A.; CONRADO, T. L. B. C. Desempenho de escolares com e sem dificuldades de aprendizagem de ensino particular em habilidade fonológica, nomeação rápida, leitura e escrita. São Paulo, *Rev CEFAC*, 2008. Disponível em: http://www.scielo.br/pdf/rcefac/2009nahead/224-07.pdf. Consultado em: 11/12/2017.

CAPOVILLA, F. C. A reabilitação cognitiva na abordagem de processamento de informação. In: CAPOVILLA, F. C.; GONÇALVES; M. J.; MACEDO, E. C. (Orgs.). *Tecnologia em (re)habilitação cognitiva*: uma perspectiva multidisciplinar. São Paulo: Edunisc & SBNp, 1998.

CAPOVILLA, A. G. S.; CAPOVILLA, F. C. *Problemas de leitura e escrita*: como identificar, prevenir e remediar numa abordagem fônica. São Paulo: Memnon, 2000.

CAPOVILLA, A. G. S.; CAPOVILLA, F. C. *Alfabetização*: Método Fônico. 5. ed. São Paulo: Memnon, 2010.

CAPOVILLA, A. G. S.; CAPOVILLA, F. C.; SUITER, I. Processamento cognitivo em crianças com e sem dificuldades de leitura. Maringá, *Psicologia em Estudo*, v. 9, n. 3, p. 449-458, 2004.

CAPOVILLA, A. G. S.; DIAS, N. M. Habilidades de linguagem oral e sua contribuição para a posterior aquisição de leitura. *Revista de Psicologia da Vetor Editora*, v. 9, n. 2, p. 135-144, 2008.

CAPOVILLA, F. C.; SEABRA, A. G. *Alfabetização*: Método fônico. 5. ed. São Paulo: Memnon, 2010.

CAPOVILLA, F. C.; SEABRA, A. G. Prova de Consciência Fonológica por escolha de Figuras. In: SEABRA, A. G.; DIAS, N. M. (Orgs.). *Avaliação Neuropsicológica Cognitiva*: Linguagem oral. v. 2. São Paulo: Memnon, 2012.

CAPOVILLA, F. C.; SEABRA, A. G. Teste Contrastivo de Compreensão Auditiva e de Leitura. In: SEABRA, A. G.; DIAS, N. M.; CAPOVILLA, F. C. (Orgs.). *Avaliação Neuropsicológica Cognitiva*: Leitura, escrita e aritmética. v. 3. São Paulo: Memnon, 2013.

CARDOSO, M. Hemolítica do Recém-Nascido. Disponível em: <http:// www. infoescola.com/doencas/doenca-hemolitica-do-recem-nascido/>. Acessado em: 03/12/2017.

CARDOSO-MARTINS, C.; PENNINGTON, B. F. Qual é a contribuição da nomeação seriada rápida para a habilidade de leitura e escrita? Evidência de crianças e adolescentes com e sem dificuldades de leitura. *Psicologia*: Reflexão e Crítica, v. 14, n. 2, p. 387-397, 2001.

CARVALHO, L. F. Considerações sobre avaliação psicológica e psicometria no uso de instrumentos neuropsicológicos. In: SEABRA, A. G.; DIAS, N. M. (Orgs.). *Avaliação Neuropsicológica Cognitiva*: Atenção e funções executivas. v. 1. São Paulo: Memnon, 2012.

CAVACO, N. A. Autismo: uma perspectiva neuropsicológica. *Omnia*, n. 3, p. 21-31, 2015.

CONSENZA, R.; GUERRA, L. B. *Neurociência e Educação*: Como o Cérebro Aprende. Porto Alegre: Artmed, 2011.

CRONBACH, L. J. *Fundamentos da Testagem Psicológica.* 5 ed. Porto Alegre: Artes Médicas,1996.

DIAMENT, A. Aprendizagem e deficiência mental. In: ROTTA, N. T.; OHLWEILER, L.; RIESGO, R. S. *Transtornos da aprendizagem*: abordagem neurobiológica e multidisciplinar. 2. ed. Porto Alegre: Artmed, 2016.

DIAS, N. M.; DUARTE, C. P.; MACEDO, E. C.; SEABRA, A. G. Evidências de validade e de fidedignidade da Prova de Consciência Fonológica por produção Oral. In: SEABRA, A. G.; DIAS, N. M. (Orgs.). *Avaliação Neuropsicológica Cognitiva*: Linguagem oral. v. 2. São Paulo: Memnon, 2012a.

DIAS, N. M.; MENEZES, A.; SEABRA, A. G. Alterações das funções executivas em crianças e adolescente. *Estudos Interdisciplinares em Psicologia*, Londrina, v. 1, n. 1, p. 85-95, 2010.

DIAS, N. M.; OLIVEIRA, D. G. A linguagem escrita para além do reconhecimento de palavras: considerações sobre processos de compreensão e de escrita. In: SEABRA, A. G.; DIAS, N. M.; CAPOVILLA, F. C. (Orgs.). *Avaliação Neuropsicológica Cognitiva*: Leitura, escrita e aritmética. v. 3. São Paulo: Memnon, 2013.

DIAS, N. M.; SEABRA, A. G. Relações entre linguagem oral e escrita na Pré-escola e nas 1ª e 2ª séries do Ensino Fundamental: estudo longitudinal das habilidades linguísticas preditoras do reconhecimento de palavras e da compreensão da leitura. In: SEABRA, A. G.; DIAS, N. M. (Orgs.). *Avaliação Neuropsicológica Cognitiva*: Linguagem oral. v. 2. São Paulo: Memnon, 2012.

DIAS, N. M.; TORTELLA, G. Evidências de validade do Teste de Trilhas: Partes A e B. In: SEABRA, A. G.; DIAS, N. M. (Orgs.). *Avaliação Neuropsicológica Cognitiva*: Atenção e funções executivas. v. 1. São Paulo: Memnon, 2012.

DIAS, N. M.; TREVISAN, B. T.; PEREIRA, A. P. P.; GONZALES, M. K.; SEABRA, A. G. Dados normativos do Teste de Atenção por Cancelamento. In: SEABRA, A. G.; DIAS, N. M. (Orgs.). *Avaliação Neuropsicológica Cognitiva*: Atenção e funções executivas. v. 1. São Paulo: Memnon, 2012b.

DIAS, N. M.; TREVISAN, B. T.; SEABRA, A. G. Dados normativos da Prova de Consciência Fonológica por produção Oral. In: SEABRA, A. G.; DIAS, N. M. (Orgs.). *Avaliação Neuropsicológica Cognitiva*: Linguagem oral. v. 2. São Paulo: Memnon, 2012c.

DIAS, N. M.; TREVISAN, B. T.; SEABRA, A. G. Dados normativos do Teste de Trilhas: Partes A e B. In: SEABRA, A. G.; DIAS, N. M. (Orgs.). *Avaliação Neuropsicológica Cognitiva*: Atenção e funções executivas. v. 1. São Paulo: Memnon, 2012d.

DIAS, N. M.; TREVISAN, B. T.; MEDEIROS, N. A.; SEABRA, A. G. Dados normativos da Prova de Aritmética. In: SEABRA, A. G.; DIAS, N. M.; CAPOVILLA, F. C. (Orgs.). *Avaliação Neuropsicológica Cognitiva*: Leitura, escrita e aritmética. v. 3. São Paulo: Memnon, 2013a.

DIAS, N. M.; TREVISAN, B. T.; PRADO, J. M.; SEABRA, A. G. Dados normativos do Teste Contrastivo de Compreensão Auditiva e de Leitura. In: SEABRA, A. G.; DIAS, N. M.; CAPOVILLA, F. C. (Orgs.). *Avaliação Neuropsicológica Cognitiva*: Leitura, escrita e aritmética. v. 3. São Paulo: Memnon, 2013b.

DIAS, N. M.; TREVISAN, B. T.; SEABRA, A. G. Dados normativos da Prova de Escrita sob Ditado (versão reduzida). In: SEABRA, A. G.; DIAS, N. M.; CAPOVILLA, F. C. (Orgs.). *Avaliação Neuropsicológica Cognitiva*: Leitura, escrita e aritmética. v. 3. São Paulo: Memnon, 2013c.

DIAS, N. M.; SEABRA, A. G. Competência aritmética sob a perspectiva do processamento da informação: compreensão, desenvolvimento e subsídios para a avaliação. In: SEABRA, A. G.; DIAS, N. M.; CAPOVILLA, F. C. (Orgs.). *Avaliação Neuropsicológica Cognitiva*: Leitura, escrita e aritmética. v. 3. São Paulo: Memnon, 2013a.

DIAS, N. M.; SEABRA, A. G. Evidências de validade e fidedignidade da Prova de Aritmética. In: SEABRA, A. G.; DIAS, N. M.; CAPOVILLA, F. C. (Orgs.). *Avaliação Neuropsicológica Cognitiva*: Leitura, escrita e aritmética. v. 3. São Paulo: Memnon, 2013b.

DUPAUL, G. J.; STONER, G. *TDAH nas Escolas*: Estratégias de Avaliação e Intervenção. São Paulo: M. Books do Brasil, 2007.

FERREIRA, M. G. R. *Neuropsicologia e Aprendizagem*. Curitiba: InterSaberes, 2014.

FLEITLICH, B.; CORTÁZAR, P. G.; GOODMAN, R. Questionário de Capacidades e Dificuldades (SDQ). *Revista Infanto* (de Neuropsiquiatria da Infância e da Adolescência), v. 8, p. 44-50, 2000.

FONSECA, R. P. Prefácio. In: SEABRA, A. G.; DIAS, N. M. (Orgs.). *Avaliação Neuropsicológica Cognitiva*: Atenção e funções executivas. v. 1. São Paulo: Memnon, 2012.

FONSECA, V. *Manual de Observação Psicomotora*: Significação Psiconeurológica dos Fatores Psicomotores. 2. ed. Rio de Janeiro: WAK, 2012.

GLOZMAN, J. *A Prática Neuropsicológica Fundamentada em Luria e Vygotsky*: avaliação e reabilitação na infância. Tradução de Carla Anauate. São Paulo: Memnon, 2014.

HAMDAN, A. C.; PEREIRA, A. P. de A. Avaliação Neuropsicológica das Funções Executivas: Considerações Metodológicas. *Psicologia*: Reflexão e Crítica, v. 22, n. 3, p. 386-393, 2009.

HIPÓLITO, R.; TREVISAN, B. T.; DIAS, N. M. Evidências de validade e de fidedignidade do Teste de Discriminação Fonológica. In: SEABRA, A. G.; DIAS, N. M. (Orgs.). *Avaliação Neuropsicológica Cognitiva*: Linguagem oral. v. 2. São Paulo: Memnon, 2012.

JARDIM, W. R. de S. *Dificuldades de Aprendizagem no ensino fundamental*: Manual de identificação e intervenção. 2. ed. São Paulo: Edições Loyola, 2005.

MARTONI, A. T.; DIAS, N. M.; PAZETO, T. C. B.; SEABRA, A. G. Evidências de validade e fidedignidade da Prova de Escrita sob Ditado (versão reduzida). In: SEABRA, A. G.; DIAS, N. M.; CAPOVILLA, F.

C. (Orgs.). *Avaliação Neuropsicológica Cognitiva*: Leitura, escrita e aritmética. v. 3. São Paulo: Memnon, 2013.

MARTURANO, E. M. O Inventário de Recursos do Ambiente Familiar. Porto Alegre. *Psicologia: Reflexão e Crítica*, v. 19, n. 3, p. 498-506, 2006.

MCCLOSKEY, M.; CARAMAZZA, A.; BASILI, A. Cognitive mechanisms in number processing and calculation: evidence from discalculia. *Brain and Cognition*, v. 4, n. 2, p. 171-196, 1985.

MEDINA, G. B.; MINETTO, M. de F. J.; GUIMARÃES, S. R. K. Funções Executivas na Dislexia do Desenvolvimento: Revendo Evidências de Pesquisas. *Rev. Bras. Ed. Esp.*, v. 23, n. 3, p. 439-454, 2017.

MENEZES, A.; GODOY, S.; TEIXEIRA, M. C. T. V.; CARREIRO, L. R. R.; SEABRA, A. G. Definições teóricas acerca das funções executivas e da atenção. In: SEABRA, A. G.; DIAS, N. M. (Orgs.). *Avaliação Neuropsicológica Cognitiva*: Atenção e funções executivas. v. 1. São Paulo: Memnon, 2012.

MENIGITE, N. C.; TAGLIETTI, M. Sintomas visuais e insuficiência de convergência em docentes universitários. *Rev. bras. oftalmol.*, v. 76, n. 5, 2017.

MENON, V. Developmental cognitive neuroscience of arithmetic: implications for learning and education. *Mathematics Education*, v. 42, p. 515-525, 2010.

MONTIEL, J. M.; SEABRA, A. G. Teste de Atenção por Cancelamento. In: SEABRA, A. G.; DIAS, N. M. (Orgs.). *Avaliação Neuropsicológica Cognitiva*: Atenção e funções executivas. v. 1. São Paulo: Memnon, 2012a.

MONTIEL, J. M.; SEABRA, A. G. Teste de Trilhas: Partes A e B. In: SEABRA, A. G.; DIAS, N. M. (Orgs.). *Avaliação Neuropsicológica Cognitiva*: Atenção e funções executivas. v. 1. São Paulo: Memnon, 2012b.

MORAIS, A. M. P. *A relação entre a consciência fonológica e as dificuldades de leitura*. São Paulo: Vetor editora, 1997.

NEUROMASTER. Disponível em: <http://www.neuromaster.com.br/exames/bera/>. Acessado em: 09/12/2017.

OHLWEILER, L. Introdução aos transtornos da aprendizagem. In: ROTTA, N. T.; OHLWEILER, L.; RIESGO, R. S. *Transtornos da aprendizagem*: abordagem neurobiológica e multidisciplinar. 2. ed. Porto Alegre: Artmed, 2016a.

OHLWEILER, L. Fisiologia e neuroquímica da aprendizagem. In: ROTTA, N. T.; OHLWEILER, L.; RIESGO, R. S. *Transtornos da aprendizagem*: abordagem neurobiológica e multidisciplinar. 2. ed. Porto Alegre: Artmed, 2016b.

ORGANIZAÇÃO MUNDIAL DA SAÚDE (Org.). CID-10 *Classificação dos Transtornos Mentais e de comportamento da CID-10*: Descrições Clínicas e Diretrizes Diagnósticas. Tradução de Dorgival Caetano. Porto Alegre: Artes Médicas, 1993.

PRESTES, M. R. D. *Dislexia e Alteração no Processamento Auditivo Temporal*: colocando a Alteração Perceptual Auditiva em seu lugar. 2016. 241f. Tese (Doutorado em Ciências do Comportamento) – Programa de Pós-Graduação em Ciências do Comportamento, Universidade de Brasília, Brasília, 2016.

REPPOLD, C. T. Prefácio. In: SEABRA, A. G.; DIAS, N. M. (Orgs.). *Avaliação Neuropsicológica Cognitiva*: Linguagem oral. v. 2. São Paulo: Memnon, 2012.

RIESGO, R. S. Transtorno da memória. In: ROTTA, N. T.; OHLWEILER, L.; RIESGO, R. S. *Transtornos da aprendizagem*: abordagem neurobiológica e multidisciplinar. 2. ed. Porto Alegre: Artmed, 2016.

ROSA NETO, F. *Manual de Avaliação Motora*: intervenção na educação infantil, ensino fundamental e educação especial. 3. ed. rev. Florianópolis: DIOESC, 2015.

ROTTA, N. T. Dificuldades para aprendizagem. In: ROTTA, N. T.; OHLWEILER, L.; RIESGO, R. S. *Transtornos da aprendizagem*: abordagem neurobiológica e multidisciplinar. 2. ed. Porto Alegre: Artmed, 2016a.

ROTTA, N. T. Transtornos de déficit de atenção/hiperatividade: aspectos clínicos. In: ROTTA, N. T.; OHLWEILER, L.; RIESGO, R. S. *Transtornos da aprendizagem*: abordagem neurobiológica e multidisciplinar. 2. ed. Porto Alegre: Artmed, 2016b.

ROTTA, N. T; PEDROSO, F. S. Transtornos da linguagem escrita: dislexia. In: ROTTA, N. T.; OHLWEILER, L.; RIESGO, R. S. *Transtornos da aprendizagem*: abordagem neurobiológica e multidisciplinar. 2. ed. Porto Alegre: Artmed, 2016.

SALGADO C.; CAPELLINI, S. A. Desempenho em leitura e escrita de escolares com transtornos fonológicos. São Paulo. *Psicologia escolar e educacional*, v. 8, n. 2, p. 179-188, 2004.

SEABRA, A. G. Teste de Repetição de Palavras e Pseudopalavras. In: SEABRA, A. G.; DIAS, N. M. (Orgs.). *Avaliação Neuropsicológica Cognitiva*: Linguagem oral. v. 2. São Paulo: Memnon, 2012.

SEABRA, A. G.; CAPOVILLA, F. C. Prova de Consciência Fonológica por produção Oral. In: SEABRA, A. G.; DIAS, N. M. (Orgs.). *Avaliação Neuropsicológica Cognitiva*: Linguagem oral. v. 2. São Paulo: Memnon, 2012a.

SEABRA, A. G.; CAPOVILLA, F. C. Teste de Discriminação Fonológica. In: SEABRA, A. G.; DIAS, N. M. (Orgs.). *Avaliação Neuropsicológica Cognitiva*: Linguagem oral. v. 2. São Paulo: Memnon, 2012b.

SEABRA, A. G.; CAPOVILLA, F. C. Prova de Escrita sob Ditado (versão reduzida). In: SEABRA, A. G.; DIAS, N. M.; CAPOVILLA, F. C. (Orgs.). *Avaliação Neuropsicológica Cognitiva*: Leitura, escrita e aritmética. v. 3. São Paulo: Memnon, 2013.

SEABRA, A. G.; DIAS, N. M. (Orgs.). *Avaliação Neuropsicológica Cognitiva*: Atenção e funções executivas. v. 1. São Paulo: Memnon, 2012a.

SEABRA, A. G.; DIAS, N. M. (Orgs.). *Avaliação Neuropsicológica Cognitiva*: Linguagem oral. v. 2. São Paulo: Memnon, 2012b.

SEABRA, A. G.; DIAS, N. M.; CAPOVILLA, F. C. (Orgs.). *Avaliação Neuropsicológica Cognitiva*: Leitura, escrita e aritmética. v. 3. São Paulo: Memnon, 2013a.

SEABRA, A. G.; DIAS, N. M.; BERBERIAN, A. A.; ASSEF, E. C. S.; COZZA, H. F. P. Teste da Torre de Londres. In: SEABRA, A. G.; DIAS, N. M. (Orgs.). *Avaliação Neuropsicológica Cognitiva*: Atenção e funções executivas. v. 1. São Paulo: Memnon, 2012a.

SEABRA, A. G.; DIAS, N. M.; MACEDO, E. C. Neuropsicologia cognitiva e avaliação neuropsicológica cognitiva: contexto, definição e objetivo. In: SEABRA, A. G.; DIAS, N. M. (Orgs.). *Avaliação Neuropsicológica Cognitiva*: Atenção e funções executivas. v. 1. São Paulo: Memnon, 2012b.

SEABRA, A. G.; LAROS, J. A.; ABREU, N. (Orgs). *Inteligência e Funções Executivas*: avanços e desafios para a avaliação neuropsicológica. São Paulo: Memnon, 2014.

SEABRA, A. G.; MONTIEL, J. M.; CAPOVILLA, F. C. Prova de Aritmética. In: SEABRA, A. G.; DIAS, N. M.; CAPOVILLA, F. C. (Orgs.). *Avaliação Neuropsicológica Cognitiva*: Leitura, escrita e aritmética. v. 3. São Paulo: Memnon, 2013b.

SEABRA, A. G.; TREVISAN, B. T.; CAPOVILLA, F. C. Teste Infantil de Nomeação. In: SEABRA, A. G.; DIAS, N. M. (Orgs.). *Avaliação Neuropsicológica Cognitiva*: Linguagem oral. v. 2. São Paulo: Memnon, 2012c.

SEIDL, V. Doença Hemolítica Perinatal: Fatores de Risco e Abordagem Terapêutica. 2013. 62f. Tese (Doutorado em Ciências) – Programa de Pós-

Graduação em Saúde da Criança e da Mulher, Fundação Oswaldo Cruz, Rio de Janeiro, 2013.

SILVA, A. B. B. *Mentes inquietas*: entendendo melhor o mundo das pessoas distraídas, impulsivas e hiperativas. São Paulo: Editora Gente, 2003.

SMITH, C.; STRICK, L. *Dificuldades de Aprendizagem de A-Z*: Guia completo para educadores e pais. Tradução: Magda França Lopes. Porto Alegre: Penso, 2012.

SOUZA, A. R. M.; SISTO, F. F. Dificuldade de aprendizagem em escrita, memória e contradições. *Psicologia Escolar e Educacional*, v. 5, n. 2, p. 39-47, 2001.

TREVISAN, B. T.; DIAS, N. M.; SEABRA, A. G. Dados normativos do Teste de Repetição de Palavras e Pseudopalavras. In: SEABRA, A. G.; DIAS, N. M. (Orgs.). *Avaliação Neuropsicológica Cognitiva*: Linguagem oral. v. 2. São Paulo: Memnon, 2012a.

TREVISAN, B. T.; DIAS, N. M.; SEABRA, A. G. Dados normativos do Teste Infantil de Nomeação. In: SEABRA, A. G.; DIAS, N. M. (Orgs.). *Avaliação Neuropsicológica Cognitiva*: Linguagem oral. v. 2. São Paulo: Memnon, 2012b.

TREVISAN, B. T.; HIPÓLITO, R.; MARTONI, A. T.; FERRACINI, F.; DIAS, N. M.; SEABRA, A. G. Teoria e pesquisa para avaliação de aspectos da linguagem oral. In: SEABRA, A. G.; DIAS, N. M. (Orgs.). *Avaliação Neuropsicológica Cognitiva*: Linguagem oral. v. 2. São Paulo: Memnon, 2012c.

TREVISAN, B. T.; SEABRA, A. G. Teste de Trilhas para Pré-escolares. In: SEABRA, A. G.; DIAS, N. M. (Orgs.). *Avaliação Neuropsicológica Cognitiva*: Atenção e funções executivas. v. 1. São Paulo: Memnon, 2012.

URBINA, S. *Fundamentos de testagem psicológica*. Porto Alegre: Artmed, 2007.

VENTURI, M. M. O Estudo de Caso como Modalidade de Pesquisa. *Pedagogia Médica*, v. 20, n. 5, p. 383-386, 2007.

Os autores

Alessandra G. de Miranda Gabarão

Especialista em Neurociência Aplicada a Avaliação e Intervenção Psicopedagógica, Especialista em Coordenação Pedagógica, Psicopedagogia, Orientação e Gestão Escolar. Graduada em Pedagogia.

Claudia R. Santos

Especialista em Psicopedagogia Clínica e Institucional. Especialista em Neurociência Aplicada a Avaliação e Intervenção Psicopedagógica, Graduada em Estudos Sociais e em Pedagogia com Habilitação em Educação Infantil.

Clécia Maria Barreto dos S. Alves

Especialista em Neurociência Aplicada a Avaliação e Intervenção Psicopedagógica, Especialista em Psicopedagogia Clínica e Institucional, Especialista em Orientação Escolar. Graduada em Pedagogia/ Administração Escolar.

Daniela L. Caldeira

Especialista em Neurociência Aplicada a Avaliação e Intervenção Psicopedagógica, Especialista em Educação Sexual e Administração

Escolar, Especialista em Diversidade em Educação de Jovens e Adultos, Especialista em Psicopedagogia e Neuropedagogia. Graduada em Pedagogia com Habilitação em Orientação Educacional e Magistério.

Edna Maria P. de Moraes

Mestre em Educação. Especialista em Neurociência Aplicada a Avaliação e Intervenção Psicopedagógica, Especialista em Gestão e Ensino Superior, Especialista em Psicopedagogia e Neurociência. Graduada em Pedagogia.

Eliana G. Barreto

Especialista em Neurociência Aplicada a Avaliação e Intervenção Psicopedagógica. Graduada em Pedagogia.

Elizete F. Medeiros

Pós-graduada em orientação educacional e gestão escolar. Intérprete de libras. Pedagoga no Serviço Especializado de Apoio a Aprendizagem da SEDF. Professora na Faculdade Mauá DF. Especialista em Neurociência Aplicada a Avaliação e Intervenção Psicopedagógica. Pedagoga pela Universidade de Brasília.

Glecy M. de Oliveira

Especialista em Neurociência Aplicada a Avaliação e Intervenção Psicopedagógica. Especialista em Gestão e Orientação Educacional. Graduada em Pedagogia.

Guilherme Henrique de O. Barbosa

Especialista em Neurociência Aplicada a Avaliação e Intervenção Psicopedagógica. Graduado em Ciências Biológicas com Bacharel e Licenciatura.

Maria do Carmo S. da Costa

Especialista em Neurociência Aplicada a Avaliação e Intervenção Psicopedagógica. Especialista em Psicopedagogia e Educação Sexual. Especialista em Metodologia da Língua Portuguesa e Produção de Texto. Especialista em Direção e Supervisão Escolar. Graduada em Pedagogia, com Habilitação em Orientação Educacional.

Rodrigo Albuquerque

Mestre e Doutor em Linguística, pela Universidade de Brasília. Especialista em Neurociências, Especialista em Neurociência Aplicada a Avaliação e Intervenção Psicopedagógica. Graduado em Letras pela Universidade de Brasília.

Vera Lúcia D. Andrade

Pós-graduada em Educação Pré-Escolar e Psicopedagogia. Especialista em Neurociência Aplicada a Avaliação e Intervenção Psicopedagógica. Graduada em Pedagogia com habilitação em Magistério, Administração Escolar e Orientação Educacional.

Zilanda Pereira de Souza

Doutoranda em Saúde Coletiva. Especialista em Psicopedagogia, Neuropedagogia e Psicanálise Infantil. Graduada em Docência na Educação Infantil e Anos Iniciais do Ensino Fundamental.

Este livro foi composto com tipografia Bembo
e impresso em papel Luxcream 70g. na Gráfica Formato.